知的生きかた文庫

斎藤一人
時代を読んで「ひとり勝ち」!

小俣貫太

三笠書房

斎藤一人さんからのメッセージ

人生で勝つのは、準備した人だけですよ
――さあ、「幸せになる準備」をしましょう！

この本には、これからの経済がどうなるのか、成功するためにはこれからどう行動すればいいのかという、私の考えがたくさん書かれています。

一つひとつの話に、みんな「一人さんの言った通りだ」「本当に当たりつつある」と言って、驚いているようです。

本書には、そんな話がいろいろ出てきますが、私が言いたいことはたった一つ。

どんな時代が来ても、そのことが先にわかっていて、その時代を迎える準備を終えている人は、ラクに楽しく過ごすことができる――

ということです。どんな時代が来るのかは、私が教えることができます。みなさんはただ、この本を読んで、どんな準備をしてこれからの時代に備えたらいいかを考えるだけでいいのです。人生で勝つことって、意外と簡単なことなんですよ。

斎藤一人

はじめに

「ひとり勝ち」できるのは、あなた次第です

「オレの言うことは変かもしれない。なにせ、オレは変な人だから」

斎藤一人さん（銀座まるかんの創業者）は、いつも明るくこう言います。

でも、先を見通すその目は鋭く、いつも人より一歩早く動いてしまうので、どんな困難な状況になっても困った様子を見せたことがありません。

「時代、経済というと、あたかも誰かが動かしているように思われがちだけど、違うんだ。じつは天気と同じようなもので、誰かが何かをしたり、何かを望んだりしたからといって変えられるような弱い流れではないんだよ。ただ、船乗りが天気をピタッと予測して船を進めるように、商人は経済の読みをピタッと当てて会社や店をつぶさないように対応できなきゃ、やっていけないんだ」――

「時代」や「経済」が、これからどうなるかを先読みできれば、どんな状況になっ

ても対応できる――一人さんに教えてもらったことは、たとえて言うと、「暑くなるのがわかっていれば、Tシャツを買っておける」「嵐が来るのがわかっていれば、雨戸を閉めておける」というようなことです。

つまり、これから世の中がどうなるかわかっていれば、困ることはないのです。

一九九〇年代、日本経済が大混乱を起こしたことがありました。そのような時代でも一〇年間以上、土地・株・相続によるものを除いた納税額で、トップにいつづけているのは一人さんです。

まさに「ひとり勝ち」と言っていいでしょう。

ちなみに「一人勝ち」と「ひとり勝ち」は少しだけ違います。

くわしくは本文でお話ししますが、「一人勝ち」は結局、相手次第。「ひとり勝ち」は自分次第。だから、時代がどうであれ、いつも強いのです。

そして、私を含め大勢の人が、〝船長〟のすぐれた読みのもと、天候の不安もなく、大船に乗った乗組員のような気持ちで、成功という〝宝島〟まで連れてきてもらっているのです。

新聞やテレビで、「正論らしい経済の話」をする人はたくさんいますが、そうした話ばかりを聞いていると、時代の流れを正しく読むことができなくなります。

そこで、この本では、一人さんに教わった「本当の経済の話」を書いてみました。

この本では、「日本の経済」「会社のこれから」「仕事のコツ」「お客さんの心理」「時代の動き」がこれからどうなるのか、誰もがわかるようにお話ししていきます。

だから、本書を買ってくれた人は、それだけでとてもツイてる方なのです。

この本には、「これから何が起こるか」が全部書いてあります。これさえわかってしまえば、あなたもラクに〝宝島〟に行くことができるのです。

雨がなぜ降るのかわからなくても、これから雨が降るということさえわかっていれば、傘を持っていくことができ、何も困ることはありません。

また、明るい人にはチャンスがあります。灯《あか》りは昼には目立たなくても、夜つければ人が集まってきます。世の中が暗いなら、明るいこと自体が評価されるのです。

何が起きるかが前もってわかれば不安はなくなり、どんな状況も明るく前向きに捉える方法がいくらでも見つかります。この本で「時代を読む」人も、周りに光りを分け与えることができ、チャンスをつかめると思います。

小俣貫太

『斎藤一人　時代を読んで「ひとり勝ち」！』◆もくじ

●斎藤一人さんからのメッセージ
人生で勝つのは、準備した人だけですよ
――さあ、「幸せになる準備」をしましょう！ 3

●はじめに 「ひとり勝ち」できるのは、あなた次第です 4

1章 「日本の経済」を読んでひとり勝ち！
――備えあれば儲けあり！ 「未来」がわかる話 13

「本物の時代」から「本当の時代」へ――これを読んだ人だけが勝てるんだ 14
「画期的で安くてすごい商品」も、人が欲しがらないと売れないのです 19
「好況だ、好況だ」って言うと、本当に「好況」になるんだよ 25
日本一の大金持ちが教える「株式投資」の考え方 32
「お金を回らなくしているシステム」にちょっと気をつける 38
「社長になりたがるヤツが多い」――時代の力はここでわかるんだ 42

モノ余りの時代にモノを売る「斎藤一人流の考え方」 46
「戦車をつくっていた人が鍋や釜をつくる」と消費も変わるんだよ 50
「デフレは一〇〇年続く」と覚悟する人がひとり勝ちする 57
人余りの時代――「割安だなと思われた人」がこれからは勝つんだよ 61
「一人分の仕事」しかできない人、「一〇〇人分の仕事」ができる人 65
「一人さん、どうすれば勝てますか？」って聞く人は、まず勝てないね 70

2章 「会社のこれから」を読んでひとり勝ち！

「ひとり勝ち」――これが今日から始める成功法則

73
「大きいほうが勝つ時代」は終わったんです！ 74
「一人勝ち」は結局、相手次第。「ひとり勝ち」は自分次第、だから強い 81
ひたすらカッコいい・ひたすら早い
――売れる商品には「ひたすら」がかならずある 85

「目の前の三人のお客さんを喜ばせてみる」。これがコツだよ
【『ひとり勝ち』の戦略①】 90
お客さんを喜ばせるから、売り上げが伸びる【『ひとり勝ち』の戦略②】 95
「これから伸びる会社」は「経営者が脚光を浴びる会社」だけ 101
ビリの選手に拍手する――あなたが「がんばっている証拠」なんだ 107

3章 「仕事のコツ」を読んでひとり勝ち!

成功しつづけた人だけが語れる「もっとうまく生きる」コツ

111
「お客さんを喜ばせたい」――これが同業より一歩先を行くコツ 112
「組織の力」って「トップの顔」にすぐ出るんだよ 116
二〇万円? 三〇万円? まず自分の「仕事の値段」を考えるのです 122
人柄主義の時代――「心で仕事をする人」だけが勝つのです 127
「誰かのためにがんばる」ってのが、プロの仕事なんだよ 134

4章「お客さんの心理」を読んでひとり勝ち！

日本一のお金持ちの目から見た「これからの経済」とは？ 137

大流行がなくなる時代。だからコツコツ売るしかないんだ 138
なぜ「商人は土地を買わない」か、わかる？ 142
家を買うなら「資産」と思わず「消費物」と思うことだよ 148
「土俵でプロレスをする」――これが流通業界の新しい発想なんだ 152
昔は「怖いお巡りさん」が多かった。だから「悪いヤツ」も少なかったんだ 157
「治安の良さは資源」と考えるとうまくいくよ 162
大事に育てた子どもほど「親を大事にしない」 167
家族から愛されるのも、子どもから好かれるのも「実力」なんです 172

5章「時代の動き」を読んでひとり勝ち！

〝変わり目〟が読めれば「やってやれないことはない」 177

日本は「貧乏な人が暮らしやすい」社会になるからね 178
子どもを預からない保育園【斎藤一人の「時代を読む」①】 185
健康な人しか行けない病院【斎藤一人の「時代を読む」②】 189
国民を守らず政治家を守る警察【斎藤一人の「時代を読む」③】 194
時代の流れを読んで、最後に「ひとり勝ち」！ 198

● 斎藤一人さんからの「おわりの言葉」
「やっと、私の時代が来た」と思ってください 203

●「斎藤一人さん」をもっと知りたい人のために 204

図版制作——ワークショップ909

1章

「日本の経済」を読んでひとり勝ち!

【備えあれば儲けあり! 「未来」がわかる話】

「本物の時代」から「本当の時代」へ――
これを読んだ人だけが勝てるんだ

「『本物』の時代は終わったんだよ」――。

私はこれまで未熟ながら商売の世界に身を置いてきたのですが、斎藤一人さんの言葉を聞いていて、時々、「戦いを勝ち抜いてきた人でなければ、この言葉は言えない」と感じることがあります。

冒頭の言葉も、そのように感じたものの一つです。

「これまでは『本物』の時代だったんだよ。

本物というのはみんなが『本物だ』と言えば、それで本物になってしまうんだ。これは高級品だ、この店は有名店だとみんなが言えば、誰も実際がどうなのかは確かめなかったんだよ。

だから、高級、有名なんていう肩書きだけで通用するラクな時代だったんだね。

それが『本物』の時代。

でも、これからは『本当』の時代が来るんだよ。

みんなが本当の実力を聞くんだ。『高級です』なんて言っても通用しない。それは本当においしいのか、本当に使い心地がいいのかとみんなが聞くよ。そして、自分で確かめるんだ。そして、気に入らなければ、買ってはくれないんだよ。

みんなが『本当なのか？』と確かめるから、本当に実力がないとお店もはやらないし、商品だって売れない。そういう時代になっていくんだよ」

一人さんは、さらにこう続けます。

「人だってそうなんだよ。

今までは『本物』の時代だったから、あの大学を出ている、あの会社に勤めているという肩書きだけで、本物になれたんだよね。誰も実力なんか確かめないから、肩書きを出せば雇ってくれたし、仕事になったんだよ。

でも、これからは違うんだよ。『本当』の時代に通用するのは実力だけ。○○大学を出ている、なんて言っても、あなたは本当に役に立つのかと聞かれる。生き残れるのは実力のある人だけになってくるんだよ。

経営者も同じだよ。

本当にこの仕事で利益を出せるのか、ということだけしか問題にされないんだよ。それで、利益が出せなければ、肩書きを持っていても追い出されてしまうんだ。

過去に実績がある人でも、油断できないんだよ。いつも、今の仕事で本当に役に立つ、本当に利益を出すということが求められるんだ。

『本当』の時代に通用するのは、人でもモノでも、実力だけ。

これからは、そんな時代になるんだよ」

これまでのお客さんは、「本物」かどうかを問題にしていましたから、肩書きが商売を左右しました。でも、今のお客さんには、だんだん肩書きが通用しなくなりつつあり、自分自身で実力を確かめないと買ってくれないというふうに、変わりはじめているというわけです。

今までは、日本の人々に、ある程度の余裕があったのかもしれません。だから、「本物」であるとさえわかれば、実力まで確かめなくとも安心していられました。

本物かどうかを確かめるのは肩書きさえ見ればすむわけですから、とても簡単で

まず「本物」と「本当」の違いを知ろう

「本物」と「本当」
―― 似ているようで、全然違う！

「本物」がもてはやされた時代、
価値があったのは……

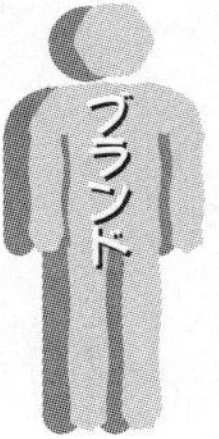

・「○○大学を出ている」
・「有名企業の○○に勤めている」
・「○○産の高級食材を使っている」
・「過去に実績を持っている」

これからの「本当の時代」、
価値があるのは……

・「本当に学力があるか」
・「本当に仕事の実力があるのか」
・「本当においしいのか」
・「本当に今、利益を出せるのか」

ひとり

「本当の時代」に通用するのは
「実力」だけ！

すし、それで困るような人も会社もありませんでした。

でも、状況がだんだん厳しくなってくると、実力のないものを抱えている余裕などなくなってきます。

お客さんは役に立たないモノを買わなくなりますし、企業は役に立たない社員を雇ってはおきません。経営者ですら、利益が出せなければ、辞職に追い込まれます。

そんな現在の状況を、一人さんは「本物」と「本当」という言葉の微妙なニュアンスの違いで、鮮やかに切り取って見せてくれたわけです。

この言葉からも、勝ち抜いて今もトップに立ちつづけている人の知恵と、そのすごみを、私は感じるのです。

これからは本当の実力を問われる厳しい時代が来るのかもしれません。でも裏を返せば、実力を備えようと前向きに生きる人には、いい時代が来るということでもあります。

時代の流れを知ろうとするあなたにとって、きっといい時代に違いありません。

「画期的で安くてすごい商品」も、人が欲しがらないと売れないのです

「時代や歴史は、人がつくるのではないんだよ」

一人さんがこう言ったことがあります。

一人さんの時代を捉える目にはすごいものがあり、二〇年ほど前の好景気が危ういものだとその当時から察知していました。また、その後の日本経済の失速と消費の低迷が長く続くことも事前に予測し、私たちに教えてくれたものです。

以前私は、一人さんが持っているような鋭い目を、自分のものにできないかと思ったことがあります。ただ、一人さんのそれは商売のキャリアの中で磨かれた知恵の一部であり、余人には理屈ではわからない〝素肌感覚〟のようなものから来ているのです。どうも、ほかの人が真似できる種類のものではないようです。

ただ、それでも、時代を見る基本となるものはあるようで、じつは冒頭の言葉もその一つなのです。こうした誰にでも有益となる基本的な考えならば、鋭い感覚を持ってはいない私などでも、心得として役立てることができそうです。

さて、斬新なアイデアで大ヒット商品を生み出す人などが現れると、よく、「あの人は時代をつくった」とか「時代のリーダーだ」などという言葉を使います。ですが、一人さんによれば、「それは勘違いだよ」ということです。

ところで、このように言うと、こんな反論をする人もいるかもしれません。

「でも、時代を大きく変えるような発明や商品だってあるじゃないか。もし、それがなければ、後の時代は別のものになっているような大発明だってある。これは、『人が時代をつくった』ということにならないのか?」

これに対する一人さんの答えはこうです。

「モノが現れるから、人がそれを欲しいと思うのではないよ。

人が何を求めるかは、それが現れる前に決まっている。人の好みはすでにある。モノが人の好みを変えているわけではないんだ。

つまり、時代の流れを決めているのは、モノの出現ではなく、その時代の人たちが何を好むかということなんだよ。時代をつくったように見える人というのは、その時々の人が好みそうなものを、誰よりも先につくっているだけだよ。ただ、いつも人より前を行っているから、時代をリードしているように見えるだけなんだ」

誰かの発明が時代を変えたのか、それとも、人々の好みが時代を決めているのか——それは具体的な商品で考えてみればすぐにわかります。

何年か前に、発泡酒という商品がビールの代用品として登場してから、メーカー各社が競うようにしてつくり、大いに売れました。味わいはビールとほとんど変わらず、しかも値段は半額ほど。まさに夢のような画期的な商品です。誰かがこれをつくったことで、あたかも時代が変わったように見えます。

ですが、もしこれをバブルの頃に開発し、販売しようとしたらどうでしょう。誰もが豪華なもの、ぜいたくなものを欲しがっていたあの時代、発泡酒を世に出せば今のように大ヒットしたでしょうか。それによって人々の心が変わり、「これからはお金をあんまり使わないようにしよう。安いモノを買うようにして、財布のひもを締めなければ」と思うようになったでしょうか。

あるいは、今「余分なものを出す」とか「脂肪を吸収しにくくする」などと謳《うた》い、売れているダイエット飲料を、もし終戦直後に開発していたらどうでしょう。当時の人々はそれを欲しいと思ったでしょうか。

いつも空腹に悩まされ、餓死の恐怖さえ感じて、「お腹いっぱい食べたい」「栄養を摂りたい」と切実に願っていた人たちが、何かめずらしいモノが現れたからといって、「少しでもやせなきゃ」と思うでしょうか。

空腹の時代、ぜいたくを求める時代、そして倹約の時代と、それぞれの時代にもてはやされたモノがあります。

でも、それは誰かの発明品にリードされてそんな時代になったのではありません。どれほど画期的でめずらしいモノでも、人々が欲しがらなければ売れませんし、世の中に広まることもないわけです。

こんなことは、言われてみれば当たり前のことです。

ところが、何かが登場してあまりにも目覚ましい成功を収めると、この当たり前のことが見えなくなるようです。だからこそ、時代を的確に捉えたければ、このことをよく肝に銘じておく必要があるわけです。

ことに、問題が経済や政治に関連してくると、「人が時代をつくるのではない」という当たり前のことが見失われやすいようです。

経済評論家がマスコミに登場し、何か目新しいことを言うと、みんながそれに期待してしまいます。つい、「あの人の言うとおりにしていれば、景気が良くなるのではないか」と思ってしまいます。

あるいは、新しい政治家が華々しく登場すると、「何か画期的な政策を打ち出して、日本の歴史を変えてくれるんじゃないか」とそんな期待をしてしまうのです。また、経済評論家や政治家のほうでも、自分の言っていることで時代を変えられると思っているのかもしれません。ですが、一人さんはこう言います。

「個人に時代の流れは変えられないんだ。どんなに頭のいい人がいても、一人や二人で時代を変えることなんかできないんだよ。

経済評論家が何を言っても時代は変わらない。あの人たちは、ただ自分の希望的観測を言っているだけだよ。政治家の言っていることもそう。ただ、『こうなればいいな』という希望を言っているにすぎないんだよ。

昔、中国に諸葛孔明《しょかつこうめい》という人がいたんだ。この人は歴史の中で、もっとも頭のいい人だったかもしれない。ところが、その諸葛孔明でさえ時代の流れは変えられなかったんだよね。あの人は時代の流れを変えられないということを知っていて、だからこそ時代の流れを的確に当てたんだよ。

それが本当に頭がいいということなんだ」

人には時代の流れを変えられない。このことを忘れずにいれば、誰かが時代を変えてくれるなどというはかない期待に惑わされることはありません。

そして、時代の流れをもっとよく見ることができるのかもしれません。

「好況だ、好況だ」って言うと、本当に「好況」になるんだよ

「今の社会には怪物がいるんだよ」

一人さんが、こう言ったことがあります。

時代の流れを見るときに、この「怪物」の存在に気をつけないと、冷静な判断ができなくなると一人さんは言うのです。

それにしても、「怪物」とまで呼んで警戒しなければいけないものとは、いったい何のことなのでしょうか。

「この怪物のことを、みんな、うすうすは気がついていると思うよ。

それは今の世の中で、ほかの何よりも日常的なもので、誰もが目にしているし、

その力が強いこともみんなが知っている。それにもかかわらず、知らず知らずのう

ちに、ほとんどの人がこの怪物に踊らされてしまうんだ。

あまりにも自分たちの身近にありすぎるし、親しみすぎているので、かえってその実力や恐ろしさが見えにくいみたいなんだよ」

私にはまるで〝なぞなぞ〟のようで、答えがわかりそうで出てきません。そこで、その正体をズバリ尋ねてみると、こんな答えが返ってきました。

「それはね、テレビだよ」

私はもう少しで、「なあーんだ」と言いそうになりました。「怪物」というにはあまりにも平凡なものが出てきて、拍子抜けしたからです。

その様子を察したのか、一人さんはこう続けました。

「テレビと聞くと、みんながそうやって安心するんだよ。

テレビの影響力ぐらい知っている。自分はテレビの言いなりになんかなっていない。何が正しいか正しくないか、ちゃんと自分で考えている。そう思うんだね。

でも、そこが危ないんだ。

だって、テレビは見ている人を騙《だま》そうとなんてしていない。テレビはただ、視聴者が見たいものを映しているだけなんだよ。

しかも、テレビが映すものは、ほとんどがたしかに事実だ。ただし、事実のほんの一部だけなんだよ。テレビは何かの出来事について、いくつもある事実の中から、視聴者が見たいと思うだろうことだけを映しているんだ」

一人さんは話を続けます。

「テレビはべつに、視聴者を都合のいいように操作しようとしているんじゃないよ。ただ、見ている人が『正しい』と思うだろうことや、『見たい』と思うだろうことを映しているだけなんだ。

テレビには悪意はない。だから、テレビの中に自分の見たいものを見つけた人は、こう信じるんだよ。

『やっぱりそうか！』『私の思っていたとおりだ』とね。それで、テレビを見ている人は、テレビの影響力を警戒していても、いつの間にか、テレビが本当のことを映すものだと思うようになってしまうんだ。

でも、みんなが見たいと思うことが真実とは限らないよね。みんなが正しいと思うことが正しいとも限らない。

毎日テレビを見ているうち、このことを忘れてしまうんだよ」

世間を騒がせる大事件が起こったとき、テレビを見てみんなが「あの人が怪しい」と思う場合があります。ところが、後に真相が明らかになってみると、その人はまったく事件とは無関係だったと判明することがあります。

読者のなかには、そうした事例はめったにない例外だと思う人がいるかもしれません。

でも、一人さんはそうは見ていないようです。

「テレビには不安なことを映したがる傾向があるんだ。だって、視聴者がそれを見たがるんだからね。

人には不安なものを見たい、知りたいという心理があるんだよ。イヤなことが起こるのなら、早めにそれを知っておきたいと思う心が人間にはあるからなんだ。

それで、テレビでは不安なことばかり放送する。

『不況が来るかもしれない』『こんな困った時代になるかもしれない』、そんなことばかりやるんだ。

そう言っておけば、視聴者が見るからだよ。

実際には景気が悪くなるはずがないときでも、テレビで不況だ、不況だと言って

斎藤一人流「時代の正しい読み方」

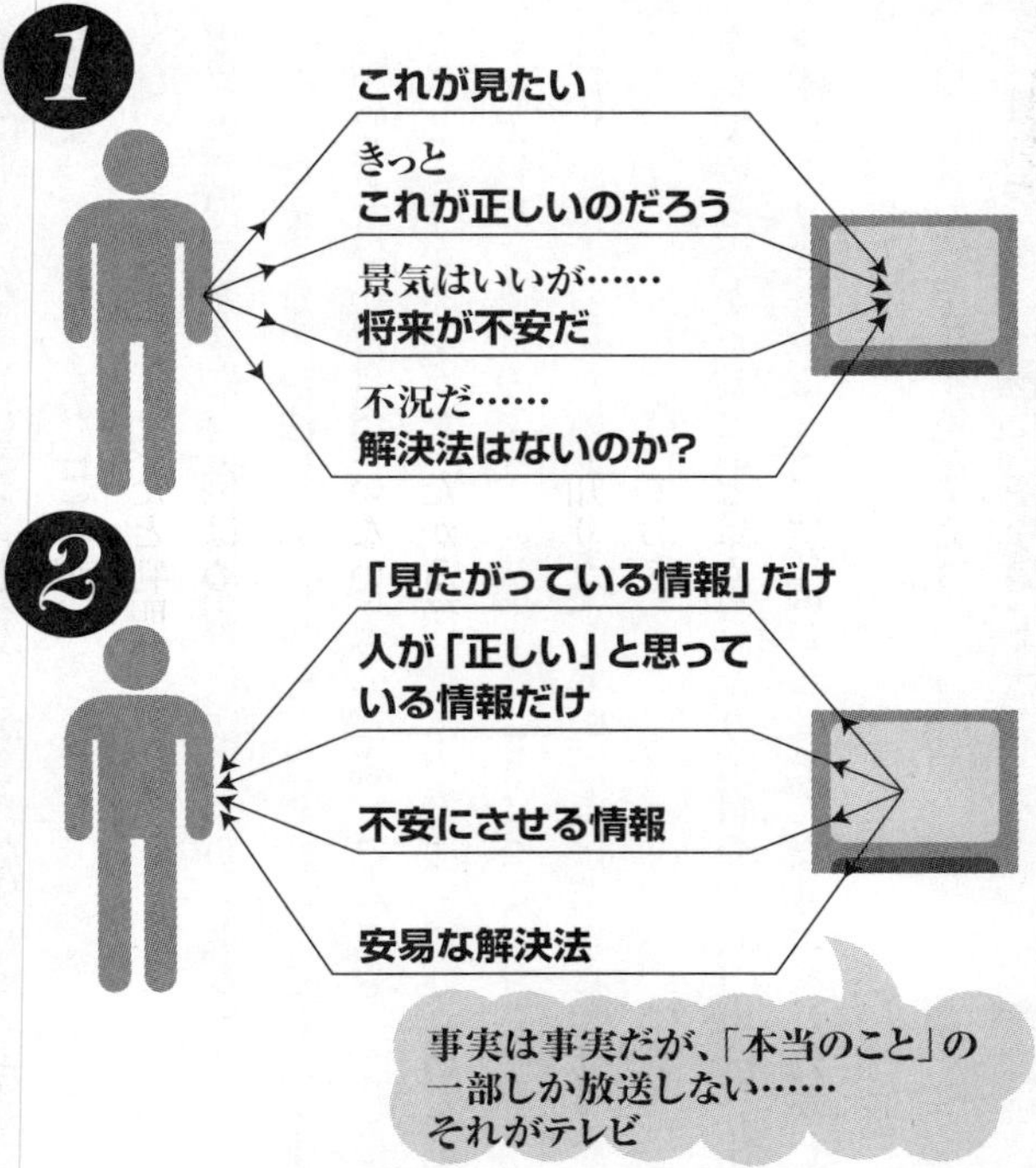
1
これが見たい
きっと
これが正しいのだろう
景気はいいが……
将来が不安だ
不況だ……
解決法はないのか？
2
「見たがっている情報」だけ
人が「正しい」と思っている情報だけ
不安にさせる情報
安易な解決法
事実は事実だが、「本当のこと」の
一部しか放送しない……
それがテレビ

ひとり

**テレビは視聴者の「心の鏡」。
時代を正しく読めなくなるから
注意して見よう**

いると、本当に不況になってしまう。みんながそれを信じてしまうので、本当にモノが売れなくなってしまうんだね」

一人さんは、さらに話を続けます。

「また、本当の不況のときにはみんなが解決法を求めるようになる。すると、テレビはみんなが喜びそうな解決法ばかりを放送しはじめる。それがあまり根拠のない方法でも、視聴者がいかにも信じそうなもの、喜びそうなものならば、テレビは放送してしまうところがあるんだ。そこで、そんな方法を言いたがるような学者や評論家ばかりがテレビに連日のように登場することになるんだよ。

テレビは見ている人の見たいものを映しているだけだから、こうなってしまうものなんだ。

テレビを見ている人が不安に引きずられたり、自分の希望を満たすようなお手軽な解決法を求めたりしているうちは、テレビはそんなものをただ映しつづけるだけだよ。

テレビは視聴者の心を映す鏡なんだ。

これがテレビという〝怪物〟の正体だよ」

テレビは人々の心を映している。

そして、多くの人々の心がテレビによって動いてしまう。人々の心に不安があれば不安な時代に向かい、人々の安易な判断が間違っていれば間違った方向へと時代が進む。つまりテレビ自体が景気を左右する〝怪物〟のような存在にまでなってしまっているのです。

それなのに経済評論家などが経済予測をするとき、分析から「テレビ」という要因がスッポリ抜け落ちている。だからなおさら予測は当たらない――。

これが一人さんの見方のようです。

時代を的確に読むには、テレビによって動いてしまう人々の心を見極め、しかも、自分はテレビという怪物に惑わされない目を持つことが必要。

一人さんは、そう言いたいのかもしれません。

日本一の大金持ちが教える「株式投資」の考え方

一人さんは株式投資を一切やりません。その理由については、次のように言っています。

「オレは商人だから株はやらないし投資もしない。だってせっかく来てくれたお金に『もっと働け』なんて言ってこき使ったら、かわいそうじゃないか。株は投資家にお任せするよ」

それでも、株式市場について、どのように見たらいいかを教えてくれたことがありました。

「株価は非常な勢いで上がりだすよ。へたをすると以前の大台回復も夢ではないかもしれない。それくらいどんどん、どんどん上がっていくと思うよ」

驚くことに、現時点（二〇〇五年一二月）では、それが本当に当たっています。

このような状況の場合でも、上がる株と下がる株がありそうなものです。しかし日本では、そのような大きな上がり局面だと、よほどひどい株ではない限り、たいてい上がってしまうと言います（株で儲けても損しても私のせいにしないでくださいね〈笑〉）。

「日本で株を買うのは素人ばかりで、株についてはよく知らないから、上がりだしてくると『何でもいいから買っちゃえ』というわけで何でも買っちゃう。

だいたい一番最初に動き出すのが外国人買いで、その後を日本人がおっかけて、そのころになると外国人は売り逃げしていくパターンなんだ。

でも今回は、売り逃げする必要がないほど、株価は上がっていくよ」

では、株高によって本格的な景気回復につながるのでしょうか。

残念ながら、そうではないと一人さんは言います。

「一般に、株価が上がると、景気が良くなるという捉え方をする。でも、今回は今までとは違って、株価が上がっても、物価は下がりつづける。世界中から安いモノが入ってくるから、日本がどんなことをしようが、物価は下がってくる。

もちろん日本の政府も介入するだろうけど、モノの値段が下がることはおさえきれないよ」

そして、後で説明するように、みんなは、物価が下がっていれば不景気なんだと思うので、どうしたって不景気だってことになってしまうわけです。

しかも、政府が景気動向の判断基準にする一一の経済指標の多くが改善したとしても、失業率の面から景気回復を認めない人がまだ出てくることになると、一人さんは言います。

「景気が良くなってくると、就職口が引く手あまたになってくるんじゃないかと一般の人は望むんだけれど、今度はそれがそうじゃないの。

日本には人を辞めさせちゃいけないような風潮があるから、今まで辞めさせるには退職金をたくさん出すとか、大変な思いをして辞めさせてきたわけなの。

そうなると、今度景気が良くなったからといっても、すぐに人を新たに雇うということにはなりにくいんだよ。『また景気が悪くなったときにどうしよう』と思うと、人を雇おうとしなくなっちゃうんだ。

しかも、年金が破綻しようとしているから、国は年金の負担率をもっと上げよう

景気のカンタンなしくみとは？

「本当の経済状態」が読めなくなる

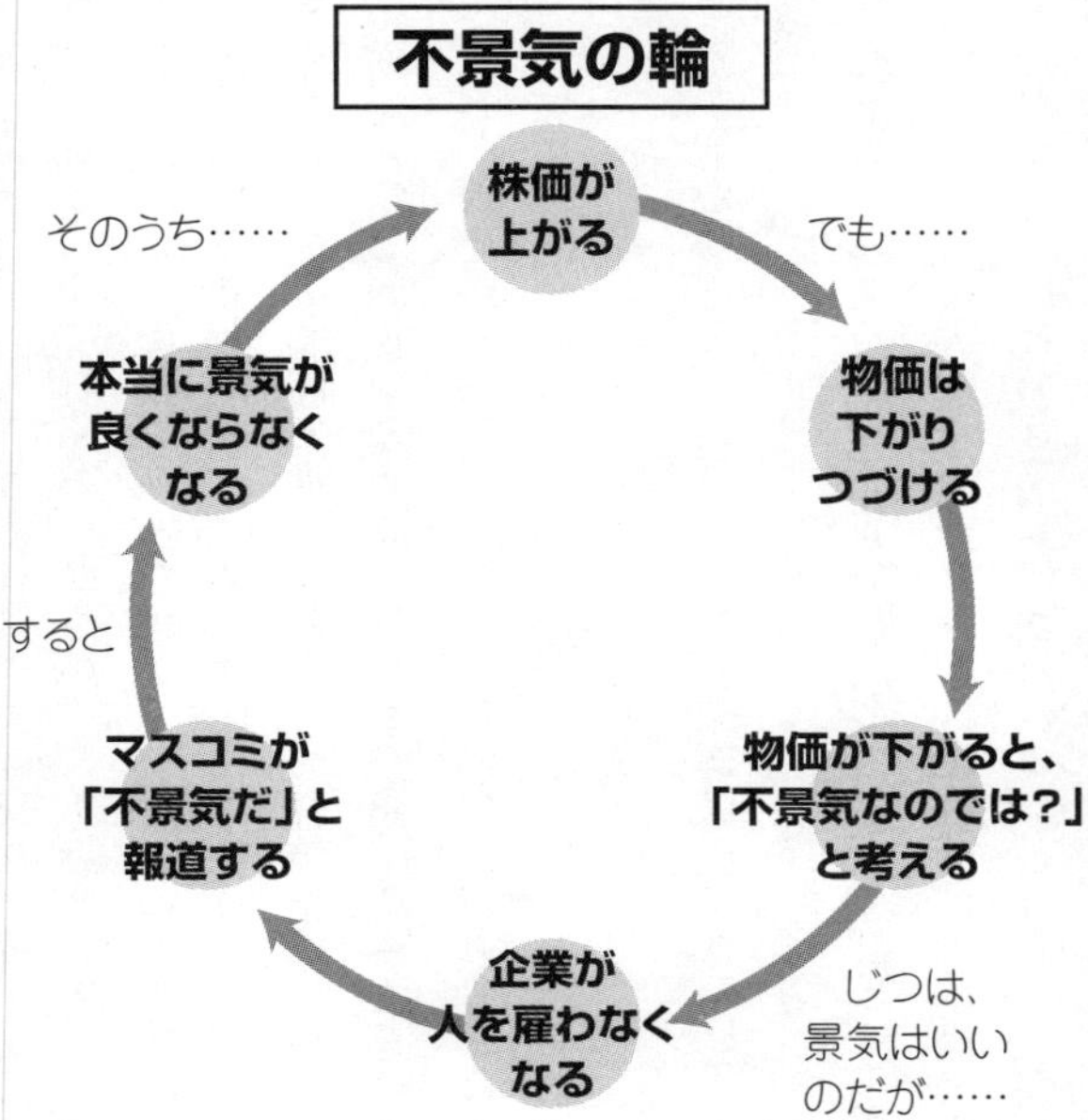
不景気の輪
株価が上がる
でも……
物価は下がりつづける
物価が下がると、「不景気なのでは？」と考える
じつは、景気はいいのだが……
企業が人を雇わなくなる
マスコミが「不景気だ」と報道する
すると
本当に景気が良くならなくなる
そのうち……

ひとり

テレビを信用しすぎないで「本当の経済」を日本の半分の人が読めれば、景気は回復するんだけど……

とする。すると、会社がその半分を負担しなさいよという話になる。つまり社員が一人いるにつき、会社から出て行くお金がものすごく増えていっちゃうんだよね。そんな制度を勝手に決めるのはいいんだけど、そうすると企業は人を雇わなくなる。だから政府は、失業率を増やすような政策を取っているんだよね」

という わけです。一人さんは話を続けます。

「かくして、貿易収支が黒字で、株価が上がって、銀行の不良債権が完全に処理できたなんていったら、万々歳なわけだけれど、物価は下がりつづける。

物価が下がったらありがたいはずなんだけど、企業はだんだん人を雇わなくなってくるんだ。

いっとき失業率が下がったように見えても、結局就職できない人の数は、増えるか横ばい。

この横ばいを捉えてマスコミは、景気が悪いんだ悪いんだと言う。

テレビが、就職できなくて大変な人のニュースを流せば流すほど、人々はいつ自分もクビになるかわからないという不安にかられて、余計お金を使わなくなるという状態が起きてしまうんだよ」

テレビが人々に与える影響の大きさについては、前項で指摘したとおりです。これは何もマスコミが悪いわけではなくて、人々が不安な話を望むからそういうニュースばかり流すだけの話です。

「国民もマスコミも経済音痴なんだからしかたない」ということです。

だから極端なことを言えば、こうした〝本当の経済〟を学んで、五〇％以上の人たちが経済音痴から脱却できれば、テレビの内容もガラリと変わり、景気も好転する可能性はあるわけです。

でも、それは遠い話だと一人さんは見ています。

「お金を回らなくしているシステム」にちょっと気をつける

一人さんは、景気の完全な回復をさまたげる要因として、日本に二つの大きな過ちがあると言います。

まず、その一つ目というのは、「お金を回らなくしているシステム」だと指摘しています。

「儲かる会社が出てきたときに、たとえばその会社は、『税金で持っていかれるよりは』と考えて、車を買おうという話になる。でも、一気にその年のうちに経費で落とすことができず、五年に分けて二〇%ずつといった具合でしか償却できない。

すると、来年や再来年は儲かるかどうかわからないのに、今年車を買っちゃって大丈夫かなということになるんだよね。しかも五年も乗った後には、車の価値はほとんどゼロだよ。それなのに買うわけないよね」

かくして消費意欲が起きないというわけです。しかも話はその儲かった会社だけにとどまらず、国全体のお金の循環をも止めてしまいます。

「今年儲かった会社が、その年の決算で全部経費で落とせるんだったら、車を買っちゃうよね。買ってもらったほうも、税金はできるだけ払いたくないから、自分たちも何か買う、というように連鎖していくよね。こうしてお金が回っていくんだ。

でも今のような制度のままなら、お金が回っていかないから、景気も良くならないよ。つまり儲かってもお金を使わないのに、どうやって景気が戻るんですかってことなんだ。

国は、儲かってもモノを買うのにお金を使わせないぞ、という政策をやっているんだよ」

このようなシステムになってしまっている背景には、儲かった会社にはなるべく経費を認めず、なるべく大きい黒字を出させて税金を取っていこうという、昔ながらの国の方針があるようです。

でも今は消費税がある時代です。本当は、消費税がいっぱい取れるようにモノを動かしたほうが、経済への波及効果も大きいはずです。でも、何も変えようとしません。

「モノを買ってもらって儲かったところも、同じようにほかからモノを買えば、次々と玉突きみたいにお金が流れて、どんどん景気が良くなるはずなんだよ。それをやらせないような政策を取っておいて景気が良くなるわけがないんだよ。本当は（できないだろうけど）、企業は儲かったら、それで何を買っても国は経費として認めますよということにすればいいんだよ。

それなのに後からこれがダメ、あれがダメというから何も買わなくなる。経営者っていうのは、いろんな知恵を使って戦っているんだよね。たとえば、フラフープ一〇〇本買って客に配って、儲けにつなげようとする社長だっているかもしれない。それをフラフープ一〇〇本は経費として認めませんと、後で追加で税金を払えとか言いはじめるんだよ。

だから怖くてお金を使えないんだ。

香港なんかだと、領収書さえあればほとんど経費が落ちるんだ。ただしその領収書をごまかしたりすると、逮捕なんだよ。でもそうでなければ、だいたい認める。

でも日本みたいに儲かった会社が金を使えない状態にしておくと、お金が流れないんだよ。

ずーっと景気が良くならないのは、どっかで流れを止めている人がいるんだよ。お金って国家の流れなんだよ。その流れを止めている人がいるんだよ」

このような「お金を回らなくしているシステム」をこのままにしておいたら、日本の景気はいつになっても回復しないようです。

この制度がすぐになくなるということはないでしょう。でも、みんなで「お金を回す」ことを意識するのは、とても大切なことだ、ということだけは覚えておきましょう。

「社長になりたがるヤツが多い」――時代の力はここでわかるんだ

本当の景気回復を妨げるもう一つの大きな問題について、一人さんは人的な問題も指摘します。

「株が上がったし景気が良くなりそうだといえば、新しい企業を起こす人が出てきて、人を雇うところが増えるはずなんだよね。

でも、日本の国ぐらい社長に対してものすごい重圧をかけるところはないんだよ。たとえば会社が銀行からお金を借りるときだって、社長に個人保証しろとかいうことになる。会社がつぶれたら、そこの社長は家から何から全部取られるようなシステムなわけだから、たいてい社長っていつも暗いんだよ。

だから、社長になりたがるヤツはいなくなるんだよね。

若いヤツは、サッカー選手や芸能人のほうがいいと思っているよ。つまり球蹴っている人間のほうがいいと思っている。

一万人も二万人も雇用して、国に税金払って、従業員にちゃんとオマンマ食べさせる立派な仕事よりも、歌手かなんかになりたがってるんだよ。

でも、こういうとき、アメリカだと新しい社長が出てくるんだよ。社長なんていうのは本当はなろうとしても、何人かに一人しかなれないからね。それなのに日本の場合は、なろうという人さえいないから、アメリカに比べて事業を起こそうとする人がものすごく少ないの。だから雇用も生まれない。そこに問題があるんだよ」

前述したように、儲かった企業が人を雇わないことに加えて、さらに新しい会社もなかなかできない。そのため、新たな雇用も生まれず、失業率が改善されないわけです。そして先ほども指摘したようにそれをマスコミが取り上げ、ますます景気回復にマイナスの影響を与えてしまうようです。

「マスコミが、ずっと不景気になるような話をするんだよね。

株が上がろうが、経済にはどこか悪いところがあるんだよ。

たとえば日本の場合は、失業率という問題から抜けられないんだよ。なぜかというと企業はますます人を雇いたくないからなんだ。しかも、企業を起こす人はなかなか出てこない。そして、マスコミは失業率の悪さばかりを指摘するから、ますます景気は回復しない」

こうして、みんなが納得するような景気回復はあり得ないというわけです。

「あと一〇〇年か一〇〇〇年したら、今のこの状態は笑えると思うよ。あたかも健康な人を病気にするかのように、こんなに健全な国を病気にしている状態ってなんだってことなんだよね。しかも、これを誰も止めようとしていない」

以上をかいつまんで要約すると、次のようになります。

株価は上がる、不良債権もなんとかなる、しかし今の状態だと企業が人を雇うようになることはまずない。だから雇用は伸びず失業率は改善しない。お金も循環していかない。だから本格的な景気回復はない。

一人さんは、だからこそ商人ががんばらなければならないと言います。

「企業家というかオレたち商人は、とにかく儲けつづけるんだ。国が気がつくのを待っていたら、オレたち干上がっちゃうから」

みなさんも覚悟を決めて、共に楽しく儲けましょう。

景気の敵は、この2つなんだ！

なぜ、本格的な景気回復はやってこない？

—— じつは、「2つの理由」があるのです……

景気を悪くする
国のシステム①

ビジネスにかかったお金の
一部しか経費として認めない

➡ 「お金の循環」が止まってしまう！

景気を悪くする
国のシステム②

社長にリスクを負わせすぎる

➡ 新しい会社ができず、雇用も生まれない
失業率は高いまま！

ひとり：企業・商人は、とにかく
儲けつづけるしかないね

モノ余りの時代にモノを売る「斎藤一人流の考え方」

今の日本はデフレで、モノの値段が下がっています。一部ではデフレは終息しつつあるという意見もあります。しかし、いっときほどの勢いはないものの業績を伸ばす一〇〇円ショップを見ても、あるいは安売り店の増加を見ても、モノの値段が下がっているのがわかります。

一般的な経済論では、この状況を不景気だと判断するようで、テレビや新聞などでは経済評論家も政治家も、この判断を当然だと思っているようです。

ところが、一人さんはそれに異論があるようです。

「今の経済評論は、ちょっとおかしい」

時代の流れを感じて、独自の判断をしている一人さんはこう言います。

現在の経済評論のいったい何がおかしいのか、少し考えてみましょう。

大雑把《おおざっぱ》に言って次のような理屈から、一般の経済論では「デフレ＝不景気」であるかのように断じます。

不景気になると消費者の手元のお金が少なくなり、モノが買えない状態となって、物価が下がります。この理屈から、「不景気ならばデフレになる」と言うわけですが、この点はたしかにそうかもしれません。

でも、問題なのはその逆の場合で、「デフレならば不景気」と断言しているところです。それは次のような図式から出てきています。

モノの値段が下がるのは、消費者に十分なお金がなく、モノを買えないからである。お金がないのは不景気だからである。だから、モノの値段が下がるときは不景気である。

この理屈を見ると、私はどうしても「本当にそうなのかなあ？」と思ってしまいます。消費者に十分なお金があっても、モノを買わないことだって現実にあります。それで物価が下がることもありそうに思えるからなのです。

一人さんが「おかしい」と感じているのもまさにこの点のようで、こんな事実を指摘しています。

「デフレだから不景気だというのは間違っているよ。だって、今の日本はデフレだけれど、お金はあるんだからね」

日本の預貯金の総額は約一四〇〇兆円で、依然として世界一の貯蓄国です。ということは、「お金があるのに、人々がモノを買わない」という、一般的な経済論が想定していなかった事態が、今の日本で実際に起こっているということになるわけです。

それにもかかわらず、「今はデフレだから不景気だ」と決めつけている経済評論には疑問を感じてしまいます。少なくとも、今の日本に起こっている状況については、もう従来の経済理論は通用しなくなっているのかもしれません。

すでに通用しなくなっている経済理論をいまだに信じている人たちは、「日銀がお金を世の中に放出すればデフレは止まる」と考えているようです。

この点にも一人さんは異論を唱えていて、独自のこんな判断をしています。

「お金を放出しても、物価はこれからもまだまだ下がる」

その理由はこうです。

「今起こっているデフレの本当の原因は、日本にお金がないからじゃないんだよ。世界が『モノ余り』の時代に向かっているからなんだ。

昔はお金がないから物価が下がった。

これからは、生産過剰で物価が下がるんだよ」

同じようなモノがたくさんあれば、消費者はより安いものを買います。商品が余るようになると、消費者が安いものを選択するため、物価が下がるわけです。

一人さんが時代を読むときのキーワードとなるのは「モノ余り」です。

では、なぜ「モノ余り」の時代になるのか、次の項目から少しくわしく見ていきましょう。

「戦車をつくっていた人が鍋や釜をつくる」と消費も変わるんだよ

「モノ余り」の時代になる要因の一つを、一人さんは今の国際情勢の中に見出しているようです。

「冷戦が終わり、現在のアメリカは世界で唯一の超大国だよ。その軍事力と正面から対等に渡り合える勢力はないんだ。だから、これからは大きな戦争が起こることはなくなったんだよね。

そして、戦争がないことは、モノ余りにつながっていくんだ」

戦争とデフレ。一見無関係のような二つの事柄ですが、一人さんの判断では、大いに関連があるようです。

もっとも、「戦争がなくなる」という意見には、数年前に起きたイラク戦争などを例に反対する人もいるかもしれませんが、「あれは戦争とさえ呼べない。一方的にアメリカがやっつけただけ」と一人さんは言います。

この見方の是非はともかく、経済との関連で肝心なのは、その戦いでどれだけのモノが消耗したかという点にあるようです。そして、第二次世界大戦のような規模でモノを大量に消耗する戦争はもうなくなったということに、一人さんは注目しているわけです。

戦車や飛行機など、戦争で用いられる兵器の価格は、一〇億円、一〇〇億円という単位になり、戦争ではその高価な兵器を大量に壊し合い、消耗していくわけです。さらに、戦闘により工場や発電所など、工業生産力につながる施設が破壊されるのですから、生産力そのものにも大きなダメージが生じます。

また、実際の戦闘がないときにも、いつ大きな戦争が起こるかわからない時代には、それに備えて、新兵器の開発が絶えず行なわれてきました。さらに、新しい兵器を開発するということは、旧来の兵器は無用になるということで、古い兵器は使われないまま壊されるしかありません。

つまり、戦争の時代には、生産施設の破壊が何度も繰り返され、しかも高価な兵器の消耗が絶えず続けられており、アメリカを含めた先進諸国では、各国の工業生産力のうち、かなりの部分が軍事関連へと振り向けられていたわけです。

ところが、戦争のない時代になると、事態が一変すると一人さんは言います。

「戦争がないとなれば、今までは戦車をつくっていたところが、鍋や釜をつくりはじめるんだ。そうなれば、モノが余るようになるんだよ」

それまで軍事へと向けられていた生産力が、戦争のない時代に入ると、一般消費向け商品の製造へと一気に向かいます。アメリカをはじめとして軍事に力を入れていた各国でそうなれば、民間にはたちまち商品の過剰が起こってしまうのです。

さらに、一人さんの判断には、もう一つ、根拠があるようです。

「モノが余り、値段が下がる最大の理由は中国だよ。

中国の人口は現在一三億人と言われている。その膨大な人々がモノをつくって、つくって、つくりまくる。その製品が、これからどんどんと世界中に溢れるようになるんだ。

生産過剰によるモノ余りは、これからもっと加速されるよ。

だから、これからの時代、モノの値段が下がりつづけるのは明白なんだよ」

「モノ余り時代」にひとり勝ち！

**デフレの原因は、不景気だからでなく、
じつは、「モノが余っている」から。
では、
「モノが余る」ようになったのはなぜ？**

戦争の時代

①大規模な戦争の最中
・高価な兵器の消耗
・生産施設の破壊
↓
極端な物資不足

②戦争の準備期
・軍需生産が続く
・新兵器の開発
・旧兵器の破壊
↓
慢性的な物資不足

平和な時代（現代）

・かつての巨大な軍需生産力を、
民間向け消費財の製造に使う
↓
モノ余り！

ひとり
**これからの時代を読むために、
「モノ余り」という言葉を
覚えておくんだよ**

ご承知のように、鄧小平の時代以来、中国は自国の一部に資本主義経済を導入しはじめています。このため、中国は資本主義国の企業から資本を集め、急速に工場生産力を高めており、現在はすでに「世界の工場」となりつつあるわけです。

ところが、現在の状況ですら、中国の巨大な人口から見れば、まだ、ほんの一部のことにすぎないのですから、今後、中国の生産力は驚異的な規模にまで拡大すると予想できるわけです。

軍事に回っていた生産能力が一般消費向けの製品をつくりはじめること、また、膨大な人口を抱える中国があたかも世界の工場のようにモノをつくりだしていくこと、この二つが生産過剰を招き、「モノ余り」によるデフレを起こす。

以上が、一人さんの読んだ時代の流れなのです。

国際情勢の流れを読んで、このような分析を行なっているからこそ、

「これからも物価は下がりつづける」

と一人さんは判断しているわけです。

ところが、今の日本には「いずれこのデフレが終わり、昔のような栄光が日本社会に戻って来る」という期待が溢れているように感じられます。

時代の流れを読みつづけ、このように判断している一人さんの目には、そんな日本はおかしいと見えるようです。

「私は商人だから、今の政治に文句あるとか、こうしろとかはないんだ。ただ、こういうことをしていたら、こうなるとか、このまいったらこういうことが起きるかなーとかは、わかるんだよね。だってわからないと商人あがったりだからね」

と笑いつつ、次のように言います。

「今、政治家や経済評論家は、日本銀行がお金をもっと放出すればデフレが止まるなんて言っている。でも、そんなことになるわけがないんだよ。

だって、日銀がお金を出せば、中国がなくなるのかい？

そんなことはあり得ないだろう。あり得ないことを言うほうもどうかと思うけれど、変だと思わないで聞いている人もどんなもんだろうね。

あんなことを平気で聞いていられるのは、今の状況が痛くもかゆくもないからなんだよ。

お金をたくさん持っていて、それにどっぷりと浸かっているから、平気で聞いていられるんだよね。

つまり、今のデフレだって『人ごと』だと思っている人がいるんだよ。今の時代をがんばって生きている人ならば、どこかおかしいと感じているはずだ。そんな人が、これからの時代を生き残れるんだよ」

人ごとだと思っているうちは、時代の流れなどけっして見えない。あるいは、一人さんはそう言いたいのかもしれません。

時代を読もうと勉強している人には、こんな目くらましは通用しなくなると一人さんは思っているようです。

「デフレは一〇〇年続く」と覚悟する人がひとり勝ちする

物価が下がりつづけるのだとして、それはどのくらい続くのかが気になるところです。

一人さんの見方では、

「少なくとも一〇〇年は続くよ」

ということのようです。どうやら、「このデフレの原因は戦争がなくなること」と考えていくと、この結論に到るようです。

また、中国がデフレに与える影響について考えてみると、人口の膨大さに加えて、人件費の安さにポイントがあります。

現在、日本や欧米など先進諸国のメーカーはこぞって中国に工場を建設していますが、これは人件費の安さに目を付けたものです。中国の人件費の安さは製造コストの低減を可能にしています。名前だけは先進諸国のメーカー品となっているものの、じつは「メイド・イン・チャイナ」である安い製品が世界中に流通していて、物価を押し下げる要因となっています。

中国はその人口の膨大さから見て、全世界に「メイド・イン・チャイナ」を氾濫させるだけの潜在的な生産力があると考えていいでしょう。

そのため今後、安価な製品を過剰に供給し、日本を含めた先進国全体で物価下落をさらに進めることが予想できるわけです。

この傾向は、少なくとも中国の人件費が先進国並みに上昇するまでは続くと見るべきでしょう。

今のところ、飛躍的に発展している上海や広州などでは人件費がかなり上昇し、急速に先進国の水準へと近づきつつあります。でも、この傾向が見られるのは、先進国の資本が投下されている一部の大都市圏が中心で、中国のほとんどの地域では人件費も所得水準も以前のままです。

現在は都市部だけに見られる人件費の上昇が、中国全土へと広がるにはまだまだ

斎藤一人流「世界経済の読み方」

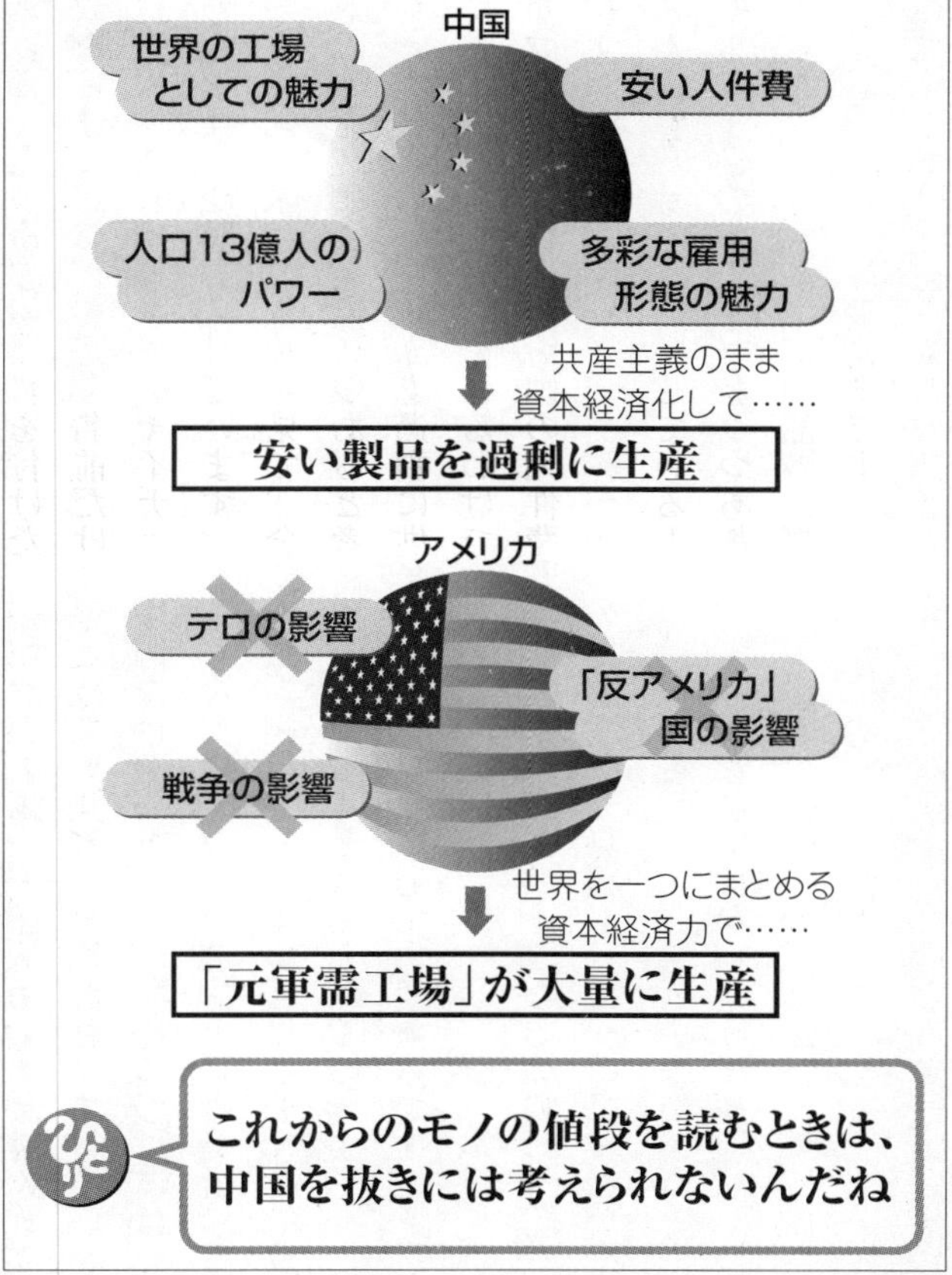
中国
世界の工場
としての魅力
安い人件費
人口13億人の
パワー
多彩な雇用
形態の魅力
共産主義のまま
資本経済化して……
安い製品を過剰に生産
アメリカ
テロの影響
「反アメリカ」
国の影響
戦争の影響
世界を一つにまとめる
資本経済力で……
「元軍需工場」が大量に生産
ひとり
これからのモノの値段を読むときは、
中国を抜きには考えられないんだね

時間がかかるでしょう。日本の人口の約一〇倍に当たる一三億人もの人件費が先進国並みになるまでには、一〇年や二〇年ではとうてい無理だと思われます。

さらに、人件費の問題を考えていくと、中国だけを視野に入れているわけにはいかなくなります。中国の人件費が上がったら、今度はアフリカ諸国という具合に、人件費の安い国を求めて世界中のメーカーが製造拠点を移していくはずです。こうした流れは、世界に人件費の安い国がなくなるまで続くと考えられるのです。

そして、人件費の安い国がある限り、デフレ傾向は継続していくわけです。

そこで一人さんはこう言います。

「このデフレは世界同一賃金になるまで終わらないんだよ。そうなるのには一〇〇年でもむずかしい。だから、デフレが続くのは、少なく見積もって一〇〇年ということなんだよ」

どうやら、一〇〇年のデフレというのは、大げさな話ではないようです。

人余りの時代――「割安だなと思われた人」がこれからは勝つんだよ

これほどにもデフレが長期になると、現在とは違った形でその影響が出てくるはずです。これについて、一人さんの見方はこうです。

「今まではモノが余っていたけれど、これからは本格的な『人余り』になるよ」

現在の日本社会はデフレですが、じつのところ、一般の国民は困ってはいないと一人さんは指摘しています。

本来、デフレというのは物価が下がるわけですから、消費者にとっては生活が楽になるということです。実際、デフレでモノが安くなった割合と、同じ割合で給料が下がった人は少ないはずです。給料はさほど下がらずに生活費が下がっているのですから、このデフレで日本の人たちは、むしろ喜んでもいいところです。

だからこそ、このデフレも消費者にとっては、「人ごと」だと思っていられたわけです。

これに対して、現在困っているのは製造業者です。製品の値段は下げなければいけない。かと言って社員の給料は下げられない。こうして経営が圧迫されて苦しんでいます。

現在は製造業者も、このデフレが一時的なものであり、やがて終わると思うからこそ、苦境を辛抱しようとしているわけです。

でも、デフレが長期にわたるとわかれば、今までのやり方では生き残れないと、製造業者も本腰を入れて考えるしかありません。

そこで、次に起こるのが人件費を下げるということです。つまり、製造業者が雇用者の数を減らすか、安い給料で働いてもらうという動きになるわけです。

ご承知のように、いわゆる「リストラ」という形で雇用者を減らすことは起こりましたし、メーカーが中国へ工場を建設しているのも、人件費の軽減を狙ってのことです。

ただし、これから起こる人件費削減はそれまでとは違い、さらに徹底したものに

「人余りの時代」にひとり勝ち！

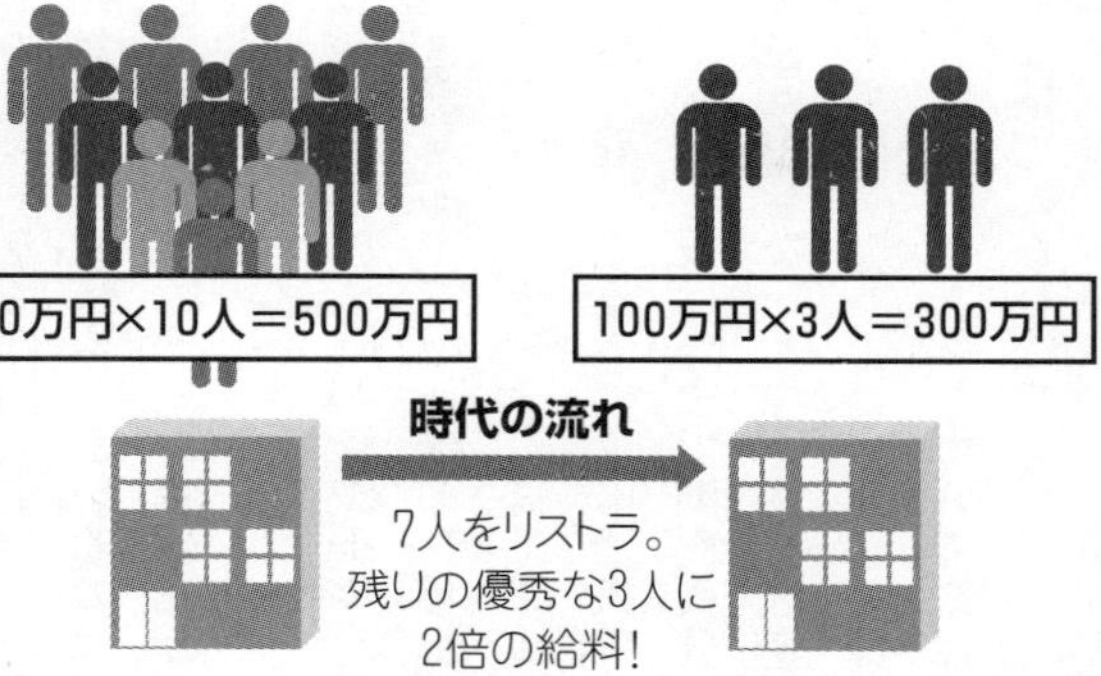
50万円×10人＝500万円
100万円×3人＝300万円
時代の流れ
7人をリストラ。
残りの優秀な3人に
2倍の給料！

これからの企業は、どんな人を雇うか？

バブルの時代 → **基本的に全員雇う**
（誰も解雇されない）

リストラ時代 → **普通の働きがある人は雇う**
（働いてない人のみ解雇）

人余りの時代 → **有能な人のみ雇う**
（「普通の働き」の人は解雇！）

ひとり：**でも、人間には本当にすごい力があるんだ。がんばれば、きっと乗り越えられる！**

なるというのが一人さんの予測です。

「今までのリストラでは働いていない人（会社の都合で仕事がないという意味で、その人が働かない人だという意味じゃないですよ）を辞めさせて、普通の働きの人は残していたんだけれど、これからは違うんだ。本当に厳しいようだけれど、役に立つ人だけしか残れないいんだよ。

普通の人さえいらないようになるんだ。でも、人間には本当にすごい力があるから、ここはがんばって乗り越えるしかないんだよ。

もし一〇人いて、そのうち役に立つ人が三人ならば、残りの七人には辞めてもらう。そして、残った三人には一〇人分の働きをしてもらい、今までの倍の給料を払う。それでも人件費は今までの六人分ですむ。実際には、ますますデフレが進むから倍の金額は出せないと思うけど、企業ではこんな計算をするようになるんだ。

これは本当に厳しい。でも、がんばる人にはきっと乗り越えられるんだよ」

つまり、普通の働きをしているだけではこれからの労働者は生き残れなくなると、一人さんは見ているわけです。

「一人分の仕事」しかできない人、「一〇〇人分の仕事」ができる人

「人余り」の時代になる日本に関して、一人さんはさらにこう言います。

「これから日本では頭脳労働の時代になるんだよ」

単純労働の場合、人件費の安さでは中国にとうていかないません。そうなると、日本人は、人件費の高さに見合った働きを求められるわけです。高度な技術を要求される仕事、発想の良さを発揮する仕事など、単純労働の何倍もの成果を上げられる仕事だけが、日本人に働かせる意味を持ちます。

それが一人さんの言う「頭脳労働」ということです。

土木工事を例にこのことを考えてみます。

誰でもやれる作業ならば、人件費の安い国の人を雇ったほうが安く上がりますか

ら、それが可能ならば、企業はそちらを選択します。現在の場合でも、日本企業が中国での土木工事を請け負ったとしたら、単純作業に雇われるのは全員が中国人になるはずです。

その現場で日本人が雇われるのは、設計士や測量の技師、建設機械のオペレーターなど、単純作業以外の仕事を担当する人だけです。

これからは、その日本人さえも減らされる傾向が出てきます。建設機械の操作なども、それが簡単な技能ならば、中国の人がどんどんやるようになるからです。日本人を雇うのはよほど高度な技能が必要な建設機械のオペレーターか、ごく専門的な知識を持ったエンジニアなどに限られてくるでしょう。

つまり、これからは日本企業が請け負った工事であっても、普通の能力を持つ日本人は必要とされず、「頭脳労働者」しか用がなくなるのです。

では、工事現場が日本国内ならば、今までどおり日本人が雇われるのかといえば、そうはならないでしょう。日本には海外から単純労働者を入れることをイヤがる傾向がありますから、中国から人を雇えばいいということにはならないかもしれません。それでも、中国との比較から、日本人労働者の人件費の高さはかならず問題と

斎藤一人流「実力主義」とは？①

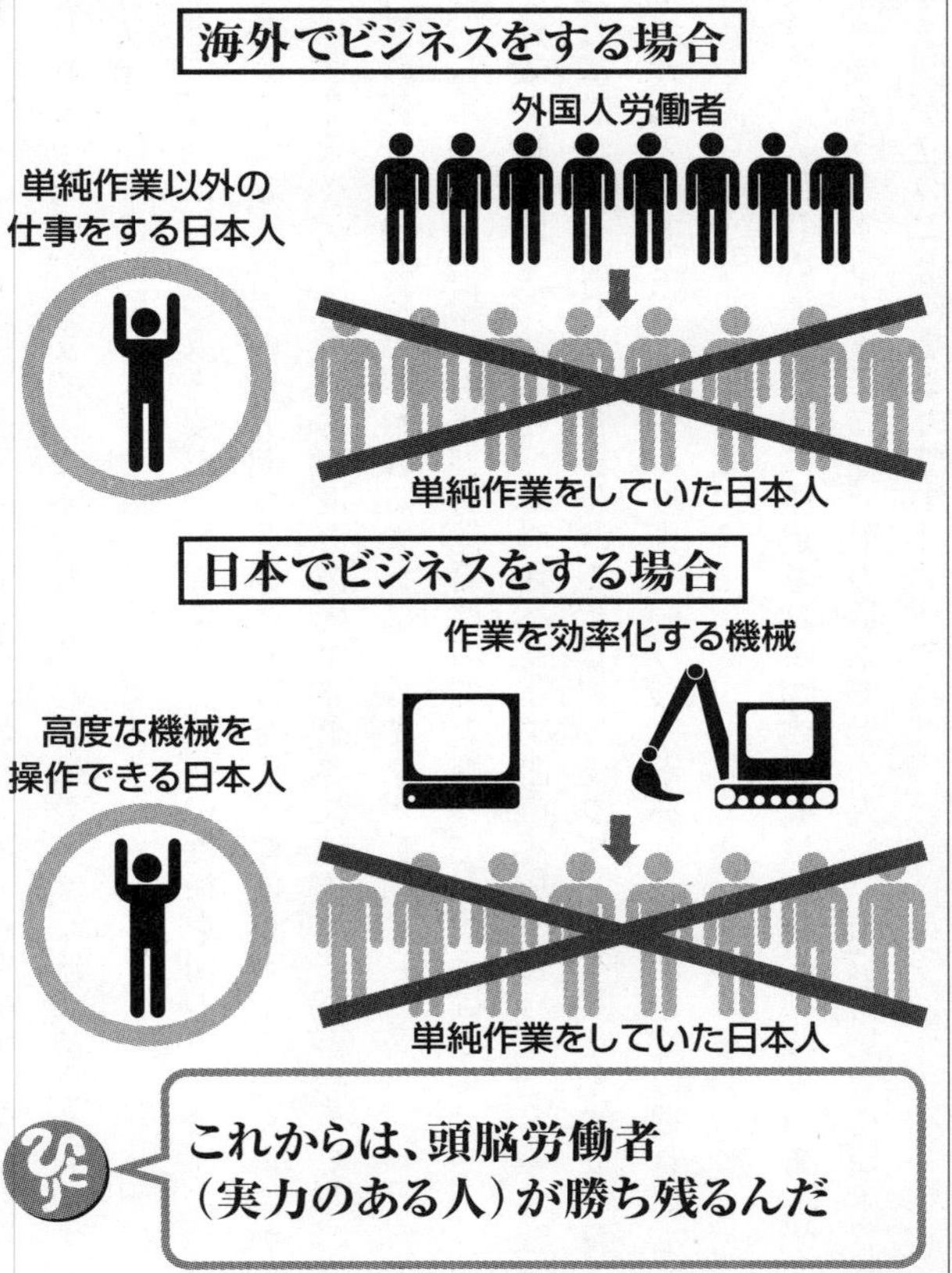
海外でビジネスをする場合
外国人労働者
単純作業以外の
仕事をする日本人
単純作業をしていた日本人
日本でビジネスをする場合
作業を効率化する機械
高度な機械を
操作できる日本人
単純作業をしていた日本人
ひとり
これからは、頭脳労働者
（実力のある人）が勝ち残るんだ

なります。

そこで日本の企業は、今までになかったような特殊で高度な建設機械を開発するなどの方法で、作業に必要な人員を減らそうと考えます。

たとえば、従来は一〇〇人必要だった作業を、新しい機械を用いることにより一〇人ですむようにしようという方向へと進むわけです。機械が高度になりますから、それを操作するオペレーターにも高度な技術が要求され、その技術を持った人だけが単純労働の何倍もの給料で雇われるようになります。

つまり、日本の工事現場でも単純労働者は不要となってしまうのです。

高度な建設機械の開発、そして、そのオペレーターの養成、こうしたものは教育や技術力の基盤がある国でしかできないことです。つまり、日本には人件費の高さという弱みがある代わりに、教育や技術という強みがあり、国内企業はそれを活かして人件費を減らそうとするわけです。

このように、人件費の面で中国に圧迫される国内産業は、日本の技術力を活かすことで生き残ろうとするようになり、その日本で働く人も「頭脳労働」を要求されるという予測が立つことになるのです。

これから先進国でデフレが長く続くと、それが「人余り」という状況を生み、先進国では「頭脳労働者」しか必要がなくなるという時代が来る。

これが一人さんの見る時代の流れなのです。

そんな時代を生きる日本の人に、一人さんはこう言います。

「頭脳労働の時代になると、まじめで腕のいい人が一人いれば、一〇人分も一〇〇人分も仕事ができてしまう。だから、本当に実力がある人だけが生き残るんだよ。

必然的にそういう時代が来るんだ。

イヤだと言っても、厳しいと思っても、時代は変わらない。それよりも、実力が評価される時代が来るんだと思って、喜んだほうがいい。

時代に合わせて生きていくしかないんだよ。

自分の本当の力をふりしぼる人は、今よりも豊かになれるよ」

時代の流れは、もはや、「人ごと」だと言ってすまされないところまで来ているのかもしれません。

でも、実力をつけようとする人ならば時代の変化にも耐えられると、一人さんは思っているのでしょう。

「一人さん、どうすれば勝てますか？」って聞く人は、まず勝てないね

「そんなことをオレに聞いているようじゃ、ダメだよ」

一人さんは知恵を借りようとしてくる人に、諭《さと》すようにこう言うことがあります。

どんなに不況になっても、デフレでも、この世からお金がなくなるわけではない。お金がある限り、お金儲けをすることはできる。ただし、時代が変わったのだから、昔の観念のままでいては、お金儲けどころか、どんどんお金を失っていくだけ。時代の変化に合うような知恵を出していけば、お金はかならず儲けられる。

一人さんの考え方はこうです。ところが、これを聞いて、「じゃあ、私はどんな知恵を出せばいいんでしょうか？」と尋ねる人がいます。そんな人に、一人さんはその考え方がすでに間違っていると言うのです。

「あなたの職種については、あなたが一番よく知っているはずだよね。これからどんな時代が来るのかわかっているなら、その時代に合わせてどうするのがいいか、その職種について知っているあなたが自分で考えるべきだ。

それなのに、職種が違うオレに、『どうしたらいい？』なんて言っていること自体が、そもそも失格だよ。違うかい？

もしオレが自分の仕事について『私はどうしたらいいんでしょう？』と隣の家の人に聞いていたら、それはおかしいよね。これと同じことだよ。

世の中にはキャバクラを経営している人もいれば、鉄工所の経営者もいる。いろんな職種があるんだ。その一つひとつについて、オレに聞くのは無理だよ。

その職種の実際を知らないで、具体的な知恵が出るわけはないものね」

仕事の知恵はあくまでも実践の中で、自分の頭と身体を使って生み出すもの。これが一人さんの考え方のようです。

ですから、自分の仕事に必要な知恵は、その仕事を実践する中でその人自身が生み出すしかないというわけです。

そして、一人さんはその人の心構えが間違っていると指摘したあと、こう付け加えます。

「ただ、時代の流れは、あなたにもオレにも同じように訪れるんだよ。

大事なのは、その中で自分がどのように生き残っていくのか、ということなんだ。

どんな時代の流れが来るのかは、オレが教える。

だから、がんばりな」

自分を生かす知恵は人を頼りにせず自分で出すもの。でも、時代の見方だけは誰にでも共通して役立ってくれる。

時代を読むことで生き残るとは、そういうことなのかもしれません。

2章

「会社のこれから」を読んでひとり勝ち！

【「ひとり勝ち」――これが今日から始める成功法則】

「大きいほうが勝つ時代」は終わったんです！

「一〇年くらい前から、価値観の大きな転換期に入っている。

これからの時代、大きいだけのところはダメになる」

時代の流れを読んで、斎藤一人さんはそう判断しているようです。

たしかにここ数年、大企業の倒産や経営破綻、経営危機というニュースが、よく報道されていました。あまりにその数が多いので、最近ではもう慣れっこになってしまった感がありますが、よく考えてみればこれは異常なことです。

大手メーカーが経営難から次々と外国メーカーの傘下となっていく業界があるかと思えば、たとえば証券業界ではかつての四大証券も昔日の面影はありません。流通業を見ても、スーパーでは西友が、外国企業の傘下に入ってしまいました。

今ではその異常さがわかりにくくなっていますが、一五年前くらいにはこれらの出来事のどれ一つを取っても想像すらできなかったはずなのです。

たとえば、一五年前に、

「日産にフランス人社長が乗り込んでくる」「西友が外国企業の傘下に入る」

などと誰かに言っていたら、「えーっ、あんな大企業が？　そんなこと起こるわけがないよ！」と笑われてしまったでしょう。

それほどに異常な事態にもかかわらず、みんなが慣れてしまったのは、その数の多さだけに理由があるわけではなさそうです。

私たちの中に、これらの事態がすでに予想されたことだという意識があるため、さして驚かなくなっていることも、その一因だという気がします。

こうした大企業の倒産が起こるたびに、「バブル崩壊の影響」「膨大な不良資産」「金融システムの動脈硬化」などという言葉が、マスコミによって呪文のように繰り返されてきました。そうした言葉を何度も耳にするうち、私たちはいつの間にか、

「この異常事態も、大もとを辿ればすべてはバブルのせいだ」

と思い込んでしまっているのかもしれません。

ところが、同じ現象を、一人さんはまったく別の視点から見ていたようなのです。

「歴史の流れの中で、今、価値観が変わってきているんだよ。

『大きいものは有利』。

何百年も昔から、ついこの間まで日本を支配していたのは、この価値観だったんだよね。これは戦国時代や江戸時代の頃からすでにあって、それが明治政府の頃にも継承され、現代に続いていたんだ。

その価値観が、一〇年ほど前から変わりはじめているんだよ」

この一人さんの見方は、次のような歴史認識から来ているようです。

戦国時代には領地を拡大することが、戦国の覇者になる道でした。また、江戸時代には徳川幕府が最大の領地を持っていたため、日本全国を支配下に置けました。そして明治政府は、藩という小国を統一し中央集権国家という大きな国となることで、欧米の国々に対抗しようと考えたわけです。

第二次世界大戦に敗れたときも、日本の人々はアメリカが日本よりも大きな国だから負けたのだと考えました。

そして、戦後から現代までその価値観は続き、より広い土地を持っている人、より大きな組織のほうが有利だと、みんなが思っていたのです。

組織は大きなほうがいい。土地は広いほどいい。銀行も大きなほうがいい。メーカーも大きなほうがいい。また、組織が大きいから、民間よりも政府のほうがいい。

こんな具合に、大きなものほど上だという意識があったわけです。

この意識がバブル経済の根底にもありました。あの頃は、企業も個人も競って土地を買い集め、大企業の株を買い漁《あさ》りました。政府もそれに歯止めをかけるどころか、助長させてしまっていました。

「大きなものは有利だ」という価値観を疑わなかったために、みんなはバブルの危険性に気がつかなかったのです。

ところが、今、状況は一変しています。現在は、ムダに多くの土地を所有している人や企業ほど、苦労しています。大企業が次々と倒産し、国家は大赤字です。

大きいものの有利さは、次々とその実体を失っていっているわけです。

この事実は、大組織への信頼感を徐々に失わせ、従来の価値観をゆるがせていると、一人さんは見ているようなのです。

このように、一人さんは「日本人を支配していた価値観」という視点から、大企業の崩壊が頻発するという異常事態を分析しているわけです。

もちろん、「大きいほうが有利」という価値観が変わりはじめたからといって、人々の意識から、ただちにそれが消えうせるということはないでしょう。

「寄らば大樹の陰」という意識は依然として根強いようで、学生の人気就職先ランキングでも、大企業が上位を占めています。公務員人気も相変わらずです。

それでも、意識は確実に変わりつつあります。大企業を就職先にと考えていても、かつてのように、その企業がけっして倒産しないなどと思っている学生は、もういません。公務員を志望する人でも、「絶対安心だから」などと思っているのは意外に少数派ではないでしょうか。

「もう、大組織には信頼感も安定感も感じられない。でも、ほかに何を基準に選べばいいのかわからないから、とりあえずここを選んでおこう」

彼らの本心を代弁すれば、こんなところかもしれません。つまり、寄らば大樹、という学生たちの選択にさえ、不安感が見え隠れするのです。

今、何となくみんなが、「銀行の不良債権処理が完全にすめば……」「景気がすっかり回復すれば……」と思っています。でも、それさえすめば、昔のようになるの

「組織の大きさ」どれくらいが有利？

戦国時代
領地を
大きくする
➡ 強い大名 ○

明治時代
藩を統一して
大きな国にする
➡ 強い政府 ○

平成時代
組織を
大きくする
➡ 強い企業 ×

500年以上続いた価値観
「大きいものほど有利」が、
10年前から変わりはじめた！

ひとり
企業は屏風といっしょ。
広げすぎる（大きくしすぎる）と
倒れちゃうんだ

でしょうか。

私たちは、「つぶれない」と思っていた大企業が次々に倒れていくのを見ました。あれほど「堅い」と信じていた大銀行が意外と脆《もろ》く、倒産さえするのを見ました。不良債権がなくなったからといって、本当にもう一度、「大企業は安心だ、大銀行は絶対につぶれない」と信じられる日が来るとは、とうてい思えません。

私には、一人さんの言うように、「大きいものが有利」という価値観が確実にゆらぎはじめているように思えるのです。

「大企業といっても要は商いだろう。商いと屏風《びょうぶ》は広げすぎると倒れる」というわけです。

「一人勝ち」は結局、相手次第。「ひとり勝ち」は自分次第、だから強い

価値観が転換してから、次はどんな時代へと向かうのでしょうか。

一人さんに尋ねたところ、こんな答えが返ってきました。

「次に来るのは、『ひとり勝ち』の時代だよ」

一人さんが勝つから、「ひとり勝ち」――。初めはそんなジョークかと思いましたが、これはそういう意味ではなく、もっと別の意味で大まじめに言っているようです。

じつは、「ひとり勝ち」という言葉は、「大きいものが有利」という価値観と表裏の関係にあるようなのです。そして、「ひとり勝ち」とは何かを考えていくと、「大きいものが有利」という価値観がなぜ失墜していかなければならないのか、その理

由となるもう一つの時代の流れを知ることになります。

まず、「ひとり勝ち」とはどういうことなのか、一人さんはあるエピソードを例に説明しています。

「この前、熱海の人に会ったら、熱海にカジノをつくりたいという話をしていたんだよ。そのためにみんなで政治家に働きかけていると言うんだ。

でも、みんなで集まって何かやろうという時点で、もうダメなんだよ。

なぜかというと、それは『ひとり勝ち』じゃないからなんだ。

熱海中のホテルがつぶれても、うちは平気だ。自分のホテルだけは繁盛している。そういう状態を目指すのが、『ひとり勝ち』ということなんだよ。

今までは、何をやるのも『みんなで』ということだった。みんなで話し合って、みんなでルールを決めて、みんなで実行する。

こんなやり方だと、意見調整が必要になる。それぞれが自分の事情を言い立てて、『私はこれはできない』『私はこうだ』そんなことばかりを言う。これからの時代、これでは時間がかかりすぎて、チャンスが逃げていってしまうんだよ。

よその事情がどうあれ、自分はやる。みんなで決めるのではなく、自分で決めて自分で実行する。そして、結果を出すんだ。

これが『ひとり勝ち』ということなんだよ」

世間でよく言われる「一人勝ち」は、一人だけが勝って、成果を独占することを意味しますが、そうではありません。

要するに、「ひとり勝ち」とは、衆を頼まずに自分〝ひとり〟でやることが勝ちにつながるということのようです。

そして時代は、「ひとりで勝つ時代」になったということなのです。

このことは、個人の「自己責任と実力本位の経営」の時代になったとも言えるでしょう。

熱海の例に限らず、従来の日本的な経営では合議制が普通でした。

みんなで話し合って決め、みんなで実行する——。このような合議制では、下される決定には不服を言いにくくなります。そのため、突出したリーダーがいなくても、そこそこのレベルの意見に達することはできるのです。

しかし、意思決定から実行までどうしても時間がかかってしまう、結果に誰も責任を取らないといった短所もあります。

これに対して、意思決定から実行までを経営者が〝ひとり〟で決める場合、何かが起こったときに素早く対応できるという長所があります。

その反面、独断で行なわれるので、その決定のマイナス面が見えにくくなる、恐怖的な独裁体制におちいるといった短所はあります。

そのため、このやり方で成果を上げるには、経営者に、そのマイナス面の影響を小さくする実力も必要になるわけです。このように、「自己責任と実力本位の経営」とは、個人経営者的なやり方だと言えます。

現在は経営環境が目まぐるしく変化しています。そのため、ミスが少ないという合議制のメリットよりも、個人経営的な手法の持つスピードというメリットのほうが重要だということになるわけです。

これが、「ひとり勝ち」という「自己責任と実力本位の経営」が優位だと、一人さんが判断する根拠の一つなのです。

ひたすらカッコいい・ひたすら早い――売れる商品には「ひたすら」がかならずある

「ひとり勝ち」の経営をすると、ビジネスに「スピード」というメリットが出てきます。ただ、有利な面がこれだけのことならば、すでに同じようなことを言っている人も少なくありませんし、あまり目新しいことだとは思えません。

ところが、「ひとり勝ち」の特徴を、「大きいものが有利」という価値観と対比したときに、新たな長所が浮かび上がってくるのです。

大企業では大量生産が可能なのに対し、個人経営では顧客に個別に対応できるのが強みです。

つまり、同一商品を何十万、何百万と生産するには大組織が有利ですし、細かな要望に応じて小ロットで何十種でも何百種でも用意するのは即断即決の個人経営でなければむずかしいことです。

また、大組織では多角的な意見を活かした完成度の高い商品ができますが、個人経営では思い切った判断ができるので、おもしろさを追求できるといういい面があります。

たとえば、壊れにくく、運転しやすく、誰もがイヤミに感じないデザインというふうに、どの面を見ても欠点の少ない車というのは大企業でこそ開発できます。

しかし、ほかの面には目をつぶって、ただひたすら速い、とにかくカッコイイなど、一つの長所に力を注ぐような車の開発は個人経営でなければ決断しにくいでしょう。また、細分化された小さな市場に商品を投入するようなビジネスは、小さな企業でなければ採算が合わず、商売になりません。

大組織の場合、商品を安定的に供給しやすいのも長所です。これに対し、個人経営は決定の速さを活かし、時代の変化に応じた新しい商品を素早くつくりだせるメリットがあります。

さて、このような両者のメリットのうち、どちらがこれからの時代に有利に働くのでしょうか。比較してみると、結果は明らかです。

斎藤一人流「ひとり勝ち」とは？

合議制 ＝ みんなで話し合い、ルールを決め、みんなで実行すること

ひとり勝ち ＝ 自分で決めて自分で実行し、結果を出すこと

大きい組織（合議制）のメリット

①大量生産が可能
②高完成度
③安定性

時代の流れ

大きい組織（合議制）のメリット

①個別対応が可能
②おもしろさ
③新しさ

ひとり：モノが大量に余っている今の世の中では「ひとり勝ち」が成功のコツなんだ

モノが不足していた時代では、大量生産と安定供給できることが有利でした。

また、商品の完成度が全体的に低く不良品が多かったので、完成度が高く不具合が起きないということは大きなメリットでした。

でも、時代が変わり、現在のようにモノが過剰な時代に入ってくると、かつてのメリットには何の魅力もなくなってくるのです。

日本のどこにもモノ不足はありませんから、消費者は同じモノを大量に供給されても喜びません。それよりも、自分の要求を個別に満たしてくれる商品を望みます。

それに、今の消費者は、いくら完成度が高くてもこれといった特徴のないモノよりは、一つの特徴を思い切り出したユニークでおもしろいモノを喜びます。

また、充分にモノのある時代では、同じようなモノをいつまでも供給されると飽きてしまうため、安定という要素は魅力になりません。

それよりも、今の消費者はつねに新しいモノを欲しがっています。

つまり、どの場合でも、時代が「大きいことの有利」より「ひとり勝ち」の利点のほうを志向しているのがわかってくるのです。

このように比較するとはっきりしてくるのは、「大きいことの有利」とは、モノ不足の時代の有利さだったということです。

これに対して「ひとり勝ち」のメリットは、モノ余りの時代の要求に対応できるものだと言えるのです。

「大きいことの有利」とはモノ不足の時代だからこそ通用した価値観だと考えると、時代がモノ不足からモノ余りへと転換してしまった今、この価値観もまた転換せざるを得ないのは当然なのではないでしょうか。

一人さんの言うように、どうやら時代は「ひとり勝ち」を求めていると考えたほうが自然だと、私には思えるのです。

「目の前の三人のお客さんを喜ばせてみる」。これがコツだよ

【「ひとり勝ち」の戦略①】

それでは、「ひとり勝ち」の時代で求められる戦略とは、どういうものなのでしょうか。

一人さんは具体例を使って、戦略の一つを説明しています。

「居酒屋さんがあるとする。昔ははやっていたけれど、今はお客さんが三人しかいないと嘆いている。このままではつぶれてしまう、どうすればいいんだ、というわけだ。

これは簡単。その三人を大事にすればいい。その三人が喜ぶことを、ひたすら考えて実行していけばいいんだよ。

三人が喜べば、明日も来る。明後日も来る。それから友だちを連れて来る。そし

て、新しくやって来たお客さんを、また、ひたすら大事にする。来たお客さんをみんな喜ばせていれば『あそこの店はおもしろい』と評判になる。そして繁盛していくんだよ。

目の前にお客さんがいるのに、それを忘れて『このままで大丈夫かな』なんて言っていたら、その三人のお客さんも来なくなってしまう。

目の前のお客さんをとにかく大事にして、喜ばれることをする。

商売の秘訣は、昔からこれしかないいんだよ。

そして、それはこれからの時代にこそ重要になるんだよ」

先ほど考えたように、「ひとり勝ち」の利点の一つは、個別対応がしやすいことでした。

個人経営の特徴を活かし、顧客のニーズを直接受け取り、即座に決定を下すことで、細かな対応が可能となるわけです。

つまり、「目の前のお客さんを大切にする」とは、個別対応のメリットを最大限に活かすという意味だと考えられるのです。

そして、その個別対応では「喜ばせる」という点に目標を置きます。

目の前のお客さんに何をすれば喜ばれるのかを考え、喜ばれると判断すれば、思い切った手を打ちます。

こうして、ここでも「ひとり勝ち」の経営のメリットである、「おもしろさを出しやすい」という特徴が活きてくるわけです。

また、これまでの顧客戦略について、一人さんはこのような見方をしています。「新しいお客さんをとにかく取ろうというのは、昔の価値観でしか通用しない。これは一昔前のやり方なんだよ」

新規顧客の獲得が最優先というやり方は、自社の商品を購入すればどんな顧客でもかならず満足する、という前提がなければ成り立ちません。

顧客がかならず満足するという前提があったからこそ、いかに多くの顧客を獲得するかが勝負となっていたわけです。

しかし、顧客がかならず満足するというのは、モノ不足の時代の話です。モノがない時代ならば、商品を提供しさえすれば顧客が満足してくれるという見込みも立ちました。

でも、現在のようにモノ余りの時代には、このような見込みは立ちません。商品

「ひとり勝ち」をしてみよう ①

Q
あなたは居酒屋の主人です。
今、店にはお客さんが
3人しかいません……
店を繁盛させるには、どうする？

A1
新しいお客さんを探しに奔走する
↓
倒産

A2
とにかく目の前の3人が喜ぶことを考えてみる
↓
繁盛！

モノ余りの時代では、
「単なる商品提供＝顧客満足」とはかぎらない。
では、目の前の顧客を満足させるには？

ひとり
①お客さんによって、個別対応をする。
②「おもしろさ」を追求する。どちらも「ひとり勝ち」の戦略でうまくいくんだ

の基本的な性能はどの会社も似たようなものですから、変わりばえのしない商品をただ顧客に持ち込んでも喜んではもらえないわけです。

そこで、新しい顧客を獲得することの前に、現在の顧客を満足させることを考えなければならなくなったのです。

このように、価値観が転換したため、「新規顧客獲得よりも目の前のお客さんが大事」と一人さんは見るわけです。

実力ある経営者が、個人経営の感覚で運営できる組織へとビルドアップさせ、新規顧客を見る前に、現在の顧客の満足を追求していくことが、これからの生き残り戦略となるようです。

お客さんを喜ばせるから、売り上げが伸びる

【「ひとり勝ち」の戦略②】

これからの時代に必要なこととして、一人さんは次のような指摘もしています。

「売り上げを伸ばすために、お客さんを喜ばせるんじゃないんだよ。喜ばせるから、売り上げが伸びるんだ。

これを同じことだと思っているようじゃ、ダメなんだよ」

これを聞いたとき、正直に言って私は同じではないかと思いました。二つの言葉の差は、ほんの微妙なものだという気がしたからです。

ところが、このニュアンスの違いを感じ取れるかどうかが、これからの時代には決定的な差となって現れてしまうようなのです。

一人さんは二つの言葉の違いを、こう説明します。

「売り上げを伸ばすために喜ばそうとしているような人のそばにいて、お客さんはうれしいと思うかい？

そんなところにいてお客さんは楽しいと感じるかい？

感じないだろう。

今までの商売のやり方では、儲けよう、儲けようとしていた。すると、そのうち儲からなくなったんだよ。なぜならば、お客さんが楽しくないからなんだよね。

たとえばデパートがそうだった。来たお客さんにどうやって売ろうか、そればかり考えていたんだ。売り上げを伸ばすことばかり考えているうち、デパートはおもしろくなくなってしまった。だから、お客さんがデパートへ来なくなったんだよ」

売り上げを伸ばすために、お客さんを喜ばす。

この言葉を使う人には、顧客のことよりも、自分たちを中心に据《す》えた意識があります。

つまり、「企業側」「売る側の視点」からビジネスを見ているということです。

それが問題なのだと一人さんは言いたいようなのです。

売る側の視点からビジネスを見ている場合、顧客の満足を追求し、喜ばれることをしているつもりで、じつは少しも喜ばれていないということが見えなくなる危険性があります。

また、満足とはあくまでも心理的なものです。ビジネスをしている人が顧客よりも自分たちに意識を向けていることが悟られれば、顧客の満足はかならず損なわれます。

つまり、これからの時代には顧客満足が勝負を決するため、売る側の視点からビジネスを見る意識はもう通用しないということになるのです。

ことに、小売業のように、顧客が一般の消費者である場合、それを悟られれば間違いなく顧客に逃げられてしまいます。

「アメリカ人にはレジャーが多いんだよ。だから、買い物なんかはその後にするパーティなんかの準備にすぎない。要するに、買い物はただの仕入れと同じだから、安ければそれでいいんだよ。だから、倉庫みたいな超大型スーパーがはやるんだ。

でも、日本人にはレジャーが少ないんだよね。

買い物をすることそのものがレジャーなんだ。だから、買い物が楽しくないと誰も来なくなってしまうんだよ」

一人さんは日本の消費者を顧客とする場合、顧客満足とは「楽しさ」を意味するので、売る側の視点からビジネスを見る意識は致命的だということになるのです。

さて、売る側の視点の対極にあるのが、顧客からの視点ということになります。

一人さんはこれについて、次のような例をあげています。

「あるスーパーがつぶれそうになったとき、マグロを客の目の前でさばいて売るということを始めたんだ。

お客さんは一〇〇キロ近くもある本マグロを目の前に出され、日本刀ほどもある長い包丁でマグロをさばく様子に驚いた。めずらしいものが見られるというので評判になり、食品売り場に客が集まって来たんだよ。

これが、お客さんを喜ばせるから売り上げが伸びる、ということなんだよ」

一人さんの言う「お客さんを喜ばせるから、売り上げが伸びる」とは、顧客の視点から見る意識で、顧客の満足を追求するということのようです。

この実演販売でのマグロの売り上げなど、高が知れています。そのうえこれをセッティングするには、少なからず手間がかかるはずです。そんなことをするよりも、普通に作業場で解体したほうがはるかに楽です。

「ひとり勝ち」をしてみよう ②

**「売り上げを伸ばすために
お客さんを喜ばせる」**

（意識が売る側中心）

↓

お客さんが来なくなる

例）売り上げ重視のデパート

**「お客さんを喜ばせると
売り上げが伸びる」**

（意識が顧客中心）

↓

お客さんがどんどん集まる

例）店先で、マグロの解体
ショーをするスーパー

ひとり

まず、「お客さんを喜ばせる」と考える。これが、ビジネス・商売で成功するカギだね

ですから、もしこの実演販売の担当者が売る側の視点でビジネスを見ていたら、手間の割に大して売り上げに貢献しないような、マグロ解体の実演など考えなかったでしょう。そうではなく、「顧客を喜ばせたい」という意識が先にあったからこそ、このヒットにつながったと推測することができるわけです。

つまり、売る側の視点からではなく、顧客の視点からビジネスを見る意識を持つことで、はじめて本当の顧客満足は追求できるということなのです。

「売り上げを伸ばすために、お客さんを喜ばせる」でなく、「喜ばせるから、売り上げが伸びる」。

一見同じように見えた二つの言葉ですが、まったく対極的な意識が底に潜んでいたわけです。そして、その意識の持ちようを誤っていては、これからの時代には通じないということなのです。

まず「お客さんを喜ばせる」という視点を持つこと。これがビジネスで成功するカギとなる時代が来たのかもしれません。

「これから伸びる会社」は「経営者が脚光を浴びる会社」だけ

「これからは企業が伸びるのもつぶれるのも、トップの実力次第だよ。

なぜなら、会社は『トップが絶対』という時代になるからなんだ」

次の時代では、企業はこんな形態に向かうと、一人さんは見ているようです。

価値観が変わって「ひとり勝ち」の時代に入ると、従来の大企業的なやり方より個人経営的なやり方のほうが有利に働くということは、これまで見てきました。

個人経営のやり方を大きな企業で実践する場合、「トップ絶対」という体制が必要だと、一人さんは言います。

トップ絶対の体制が必要な理由について、一人さんはこう言います。

「会議で、ああでもない、こうでもないと時間を使い、結局は、ほかの会社のやり方を模倣《もほう》するだけというのでは、遅くてしょうがないんだよ。

社長が自分だけで即決し、会社全体がそれに従って迅速に動く。これからの企業はこんな形で『トップ絶対』という体制にしないと、生き残れないんだよ。

これは個人経営の会社と同じだ。

これからは、大企業も個人経営のようになっていくしかないんだよ」

個人経営のメリットとは「個別対応」「おもしろさ」「新しさ」という三つの点にあり、これらが顧客満足を追求するうえで有利に働くということでした。

これらのメリットをうまく出すには、トップの決断、全社のそれに対する反応、顧客ニーズなどの情報獲得と伝達、こうしたあらゆる面でスピードが要求されます。

そこで、合議制を廃し社長だけの判断で会社の意思を決定する、それに全社員が絶対的に従って行動するという、トップ絶対の体制が必要になってくるわけです。

このような体制はアメリカでは普通に見られるそうですし、日本企業でも着実に伸びているところでは、すでにこのような体制へと近づいてきているようです。

現に、今どき際立った好業績を上げたり、再建に成功して注目を集めている会社は、会社組織そのものよりも、経営者が脚光を浴びています。

また、トップ絶対の体制について、一人さんは重要なポイントを指摘しています。

「トップの意思で全社が動くということは、トップの実力次第で企業の業績が決まるということになるんだよ。

言ってみれば、戦国時代みたいなものだね。

ただし昔とは違って、何か失敗が起こっても殿様の代わりに家老が腹を切ってくれたりはしない。会社が失敗したら、トップは下に責任を取らせることはできないんだ。自分の腹を切るしかないんだよ。

要するに、赤字を出せばトップ交代ということだ。トップとして全社を動かす代わりに、実力がないとわかれば、ほかの人にトップの座を追われるんだよ。

トップは決定をすべて自分の責任においてやる。出てくる結果についても、自分で全責任を負うんだよ。

だから、これからの時代は、実力のある優秀な人しかトップになれないんだ」

優秀な人しか企業のトップは務まらないという見方については、こんな異論もあるかもしれません。

「いや、社長が平凡な人でも、優秀な補佐役がいれば企業は大丈夫なんじゃないか。

実際、大企業では、先代から仕えてきた優秀な大番頭が、平凡な二代目社長を補佐して、業績を伸ばしているところもある。先代からの大番頭がいない社長も、有能な人を探してきて自分の補佐につければいいのではないか」

これについて、一人さんの見方はこうです。

「昔なら、殿様は家柄で決まるところがあったので、優秀な補佐が何とかするということもできたんだよ。少し前までの日本にも、江戸時代の名残《なごり》のようなところがあったから、血筋で社長を決めて大番頭が補佐役でも通用した。

でも、これからは状況が厳しくなり、競争が当たり前という時代になるよね。すると、トップが優秀でない場合、優秀な補佐をねたんだり、自分の後がまを狙っているんじゃないかと疑って気が気でなくなってしまったりする。そして、優秀な補佐をつけても、その人を使いこなすより、追い出すことを考えるようになってしまうんだよ。そのようなことをせず、優秀な補佐を使いこなせるなら、それは優秀なトップなんだ。

結局、優秀なトップでないと、優秀な補佐を使いこなせなくなるんだ。

今は、三国志の時代のように、諸葛孔明が出てきて劉備《りゅうび》を皇帝にするようなわけ

「ひとり勝ち」をしてみよう ③

時代が求める3要素
（①個別対応、②おもしろさ、③新しさ）
を出すには、**スピードのある経営**が必要

↓

・経営者が単独で意思決定
・全社が即座に決定に従う

つまり、
➡ 「トップ絶対の組織」の必要

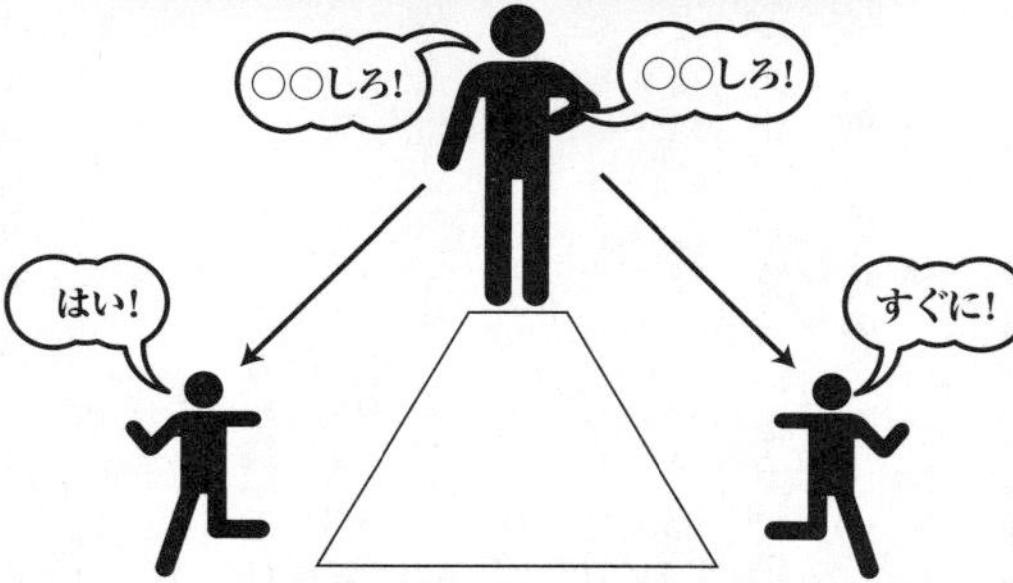

ひとり：**これからは、ますますトップ絶対の時代。その代わり、戦国時代と一緒で、責任もすべてトップが取るんだ！**

にはいかないんだよ」

企業はトップ次第。トップの実力が企業の生死を決める。

これからの企業経営者には、これまでの時代にも増して、重い責任がのしかかってくるわけです。

ただ、今まで以上の責任を求められる代わり、企業トップにはこれまでよりもプラスの面も出てくるはずだと、一人さんは言います。

「実力を求められる代わり、報酬もこれまでとは変わってこなくてはならないんだよ。今までとは違い、経営責任者の給料は一億円、二億円は当たり前ということにする必要があるんだ。

そうでなければ、実力主義の企業トップなど望めないよ。

社長の給料が社員の何倍以内、などと国が口を出しているようではどうにもならない。このままでは、日本企業が時代の潮流に取り残されてしまい、日本経済はダメになるだろうね」

なかなか変わらないのがこの国の制度ですが、経済界の要請に押されてこのことだけは少しずつでも変わっていくと、一人さんは見ているようです。

ビリの選手に拍手する――あなたが「がんばっている証拠」なんだ

「トップ絶対」と聞くと、規律でしばりつけて従業員を従わせることだと思いがちですが、これでは社内にやる気が失われ、活力がなくなってしまいます。

人間洞察にもとづいて、ときには愛をもって叱ってくれる人も必要だというのが、一人さんの見方です。これは、全社を恐怖で従わせる、ということとは違うのです。

一人さんは、その考え方についてこう言います。

「オレはいつも、目の前の人を喜ばせようと考えるんだ。

それがお客さんであっても、従業員であっても同じなんだよ」

顧客の満足を追求する組織をつくるには、経営者は従業員の満足を追求しなければならない。一人さんはそう見ているようです。

「厳しくしなければ死ぬというなら、厳しくするよ。

　でも、もっといい方法があるのなら、そんな必要はないんだ。

　まずやり方を教える。手本を見せる。やらせてみる。そして褒《ほ》めてやる。

　とにかく、褒めることが大切なんだ。

　これが人に仕事を教える基本なんだよ。オレに本当に従業員を『喜ばせよう』という気持ちがあれば、たいていの人はこれで仕事を覚えていくんだ。そして、仕事を覚えるということは、その人がお客さんを喜ばせられる人になったということだ。そうなれば、その人の思うように仕事をさせてもいいんだよ。オレが責任を取るから、どんどんやれと言ってやる。

　人は感情で動く。

　喜ばせれば、結果がついてくるんだよ」

　自由放任でもなく、規律でしばるのでもない。従業員が真に喜ぶことは何か、それを考える。褒めることが必要な人もいれば、厳しくするのが必要な人もいる。目の前の人に必要なことをやる。それがトップ絶対の組織をつくっていく――。

　これが、一人さんの言いたいことのようです。

ところで、「ひとり勝ち」の経営手法を取るうち、経営者の態度も変わってくると、一人さんは言います。

「自己責任でがんばっていれば、誰でも自然に、人を本当に喜ばせようと思うようになるものなんだよ。

経営者もそうだよ。一〇〇％の自己責任でがんばるのは大変なんだよ。あまりに苦労が過ぎると、それを人に話すのもイヤになるほどだ。でも、そうやってがんばっていると、いろいろなことが見えてきて人に優しくなるんだよ。

テレビでマラソンを見ているとき、遅いランナーをバカにする人がいる。ビリがいると、『なんだ、あいつはビリか』と言ったりする。

でも、一回でも自分でマラソンをしてみな。走って走って、死にそうになるよ。そうすれば、ビリの選手にも拍手するようになるから。競技場に選手が帰ってきただけでも、拍手するようになる。途中で倒れた選手なんかを見たら、涙が出てくるはずだよ。一度でも、自分で大変さを経験すれば、同じ境遇の人の気持ちがわかるようになるんだ。

これと同じだよ。経営者も自己責任で必死にがんばりつづけていれば、従業員のできがどんなに悪くても、がんばっているだけで拍手してやりたくなるんだ。

『こいつを喜ばせてやりたい』と思うようになるんだよ」

従業員を喜ばせたいと思う経営者でこそ、トップ絶対という組織をつくれる。そして、自己責任で経営をしていると、従業員を喜ばせたいという感情が経営者の中に生じるようになる。

一人さんの経営哲学は、そういうことのようです。

つまり、人は感情で動くという洞察が、顧客や従業員のみならず、経営者自身にも当てはまると、一人さんは見ているわけです。

これはあくまでも斎藤一人さんという一経営者の手法であり、独自の経営哲学にもとづいた見方です。

でも、そこにはビジネスという戦いを日々繰り広げている人でなければ得ることのできない知恵があると、私には思えるのです。

「ひとり勝ち」の時代には、「人は感情で動く」という洞察が、ビジネスの実践で深い知恵をもたらしてくれるのかもしれません。

3章

「仕事のコツ」を読んでひとり勝ち!

【成功しつづけた人だけが語れる「もっとうまく生きる」コツ】

「お客さんを喜ばせたい」――これが同業より一歩先を行くコツ

これからは実力主義の時代です。

実力本位時代の勉強法について、斎藤一人さんは次のように考えているようです。

「まず、自分が何の仕事をしているかということだね。

もし飲食業をしているのなら、飲食業について勉強する。関係のある本を読むこともそうだし、同業でうまくいっているところについても勉強するんだ。

どんな経営のしかたをしているのか、どんな商品がうまくいきそうか、絶えず考えるんだよ。

そして、うまくいっているところより、少しだけ上をいく。それだけで成功できるんだ。

同業の中で、一歩だけ上を行けば勝てるんだよ。

まず同業の勉強をしっかりとやって、それで時間が余ったら他業種のはやっているところを勉強するんだ。

でも、八百屋さんが哲学の勉強をしてもしょうがないよね。

自分の仕事に何が必要か考えて、それに合ったものを勉強していくんだよ」

また、うまく勉強を重ねて成功する人と、そうでない人を見分ける目安について、一人さんはこう言います。

「成功して、出世する人間というのは、自分に必要なことに興味があるんだよ。

その反対に、出世しない人間というのは、自分の仕事に関係のないことに興味があるんだ。

必要なことに興味を持って勉強をしていればいいんだけれど、出世できない人は必要のないことにすごく興味を持ってしまうんだよ。

自分の仕事に関係のあること、自分に必要なことに興味を持って勉強をしていけば、これからの時代にも生き残れるような人になれるんだよ」

まず、自分の本業をしっかりと勉強すること。

これがこれからの勉強法のようです。

たとえば、これからは国際時代だと言われて久しく、そのため英会話がビジネスには必須であるかのように思っている人もいます。

ですが、英語が本業に必要ならば勉強することにも意味はありますが、とくに英語が必要でない仕事をしている人の場合、英会話教室にお金を使っても、それはただ、自分の貯金をムダに減らしているようなものだというわけです。

これは各種の資格についても同様で、仕事に必要な資格は取ればいいし、そうでなければ、そのようなものに興味を示すだけ成功からは遠のいていくと考えたほうがよさそうです。

成功しない人は本業以外に興味を持っている。

この目安があれば、これからの時代に必要のない勉強をしてしまうこともなくなりそうです。

「本業の勉強をしようって人は、お客さんや周りの人を喜ばせるために自分の時間を使う、本当に愛情のある人だよね。

これからはね、愛があればあるほど、楽しく幸せに生きられる。そういう本当にいい時代が来るんだよ。
実力って愛のことだよ」
何に興味があるか以上に、なぜ興味があるのか。それが愛なのかエゴなのか——
こういったことが、これからの時代では大切なのかもしれません。

「組織の力」って「トップの顔」にすぐ出るんだよ

これからの時代、自分がどのような業界・職業に進めばいいのか、一目でわかる方法がある――。これは本当です。

現在、企業では年功序列の終身雇用制が崩れているため、一つの会社に永久就職する時代ではありません。そうなると、必然的に転職や独立という道を探るのが当たり前となっていきます。

時代の流れにうまく自分を合わせるような道を探すにあたり、何か目安のようなものがあれば便利です。

たとえば、転職を考えるにあたり、どのような業界が有望かを見分ける方法がないものでしょうか。

一人さんはこう言います。

「これからは、『この業界が有望』というのはないんだよ。どの業界でも、優秀なトップがいる企業は伸びるし、そうじゃないところはダメになるんだ。

つまり、業界によっていい悪いがあるのではなく、企業によって伸びるところとそうじゃないところがマチマチになるということなんだよ」

これからは、業界全体が横並びで伸びたり、衰退したりということはなくなるということのようです。

では、そんな中で、自分がこれから進むのに適した業界を見つける方法や、目安はないものでしょうか。

一人さんは、その目安について、自分の経験から実践的な方法を話したことがあります。ただしそれは、自分で起業する場合と、会社に勤める場合で違うようです。

まず、どこかの業界で起業したい場合について、一人さんは次のように教えてくれました。

「これはムチャな意見かもしれないよ。でも、本当のところ、これしか方法はないんだ。まず、その業界でトップだという人の顔を、じっと見るんだよ。

そうやって、ずうっと見ていると、

『あ、この人には勝てそうだ』

と感じる場合がある。

何でもそうなんだけれど、勝負事では『こいつには勝てそうだ』という勘が働くときがあるんだよ。自分にとって有望な業界を見つけるときもそう。

その業界トップに自分が勝てるかどうか、その人の顔を見ているとわかるんだ。それで、自分がその世界のトップに勝てそうな業界へ行けば、あなたは勝てる。でも、負けそうだと思った業界へ行けば、あなたは負けるんだよ。

かならずそうなるもんなんだ」

これは長年の実践の中で磨いてきた一人さんの経験則のようで、そこに理屈はありません。でも、このようなことは実際にあるらしく、同じようなことを言っている人もいるようです。

ことに、格闘技の世界ではよくある感覚のようです。たとえば柔道の選手などは、最初に組み合った瞬間、その相手がどのくらい強いかを感じると言います。

また、ボクシングなどでもそうです。ライト級の元世界王者・ガッツ石松選手が

「百戦百勝の会社」を見つけるコツ

「時代の流れ」に上手に乗るための
いい業界・いい会社はどこで判断する?

業界の選び方

＝

「自分が勝ち上がっていける業界」を選ぶ!

➡ 業界のトップの顔を見て……

この人には勝てそうだな と思えたら ○

会社の選び方

＝

「自分がついていきたくなる会社」を選ぶ!

➡ 会社のトップの顔を見て……

この人にはかなわないな と思えたら ○

ひとり：**自分の進む道を見つけるのは簡単。**
「トップの顔」を見るだけでいいんだ

まだ若い頃、そのパンチ力の強さから「石の拳」と称えられたロベルト・デュランというボクシング史上に残る偉大なチャンピオンと対戦しました。

ところが、彼は伝説のチャンピオンを見て、それほど強いと感じなかったそうです。ご承知のように、彼はその後、見事に世界チャンピオンとなり、ボクシング界のトップに立ちました。

これは、一人さんの言う「勘」が存在することのよい例でしょう。

一人さんは、さらにこう説明します。

「これはケンカと同じなんだよね。その人の顔を見ていると、勝てそうかどうか、人間というのは不思議とわかるものなんだ。

『ああ、この人がトップなら、この業界で自分はいけるぞ』という選び方が、結局のところ一番正しいんだよ。

こんなことは、データを調べたところでわかりはしない。データで判断するというのは、組織全体で戦っていた時代のやり方だよ。

これからの時代はトップの器量で決まるんだから、自分の勘をもとに行動することは、けっしておかしくはないんだよ。

だって、これからその世界で、自分の器量すべてを使って戦うんだからね。

結局、自分が勝てると感じる相手と戦うのが、正しいことなんだよ」

では、起業するのではなく、会社に勤める場合は、どうすればいいのでしょうか。

これについても一人さんは、次のように教えてくれました。

「もし勤めるなら、今度は、その会社のトップの顔を見て、『ああ、この人には絶対かなわないな』という人についていけばいいんだよ。顔を見なきゃダメだよ。顔を見て、なめてかかれるような人の下では働けないだろう」

自分がどこへ行くべきか、それを知りたければトップの顔を見る。

この実践的な目安を覚えておくと、時代の流れに適った自分の道を見つけやすくなるかもしれません。

二〇万円？　三〇万円？　まず自分の「仕事の値段」を考えるのです

昔ならば、よほどのことがなければ大企業はつぶれたりしないと安心していられましたが、これからの会社はいつどうなるかわかりません。

そうなると、自分が今いる会社はどうなのか、とても気になってきます。できるなら、自分の会社は今後危ないのか大丈夫なのか、それを早めに察知して、備えておきたいところです。

会社が危険かどうかについて、一人さんはとてもわかりやすい目安を持っているようです。

「危ない会社の見分け方はね、簡単なんだよ。

自分がろくに働かなくても給料をたくさんくれるような会社。

これが危ないね」

普通に考えると、あまり働かなくてもいい給料をくれる会社は、社員にとって得なように思えます。

でも、一人さんはそんな会社からは逃げたほうがいいと言います。

「自分が働いていて、これは三〇万円くらいの働きじゃないかな、と思っているところへ、五〇万円くれる会社があったとしたら、そこはおかしいんだよ。

そんな会社はつぶれる可能性があるんだ。

働きよりも多く給料を出して平気だということは、その会社の経営者にはトップとしての実力がないということになる。給料が適正ではないということは、社員を見る目がない、あるいは、働きをきちんと把握していない証拠だよ。

つまり、その会社のトップには経済観念がないということになるんだ。

経済観念のない人が経営している会社は、先行きが危ないんだよ。

そんな会社からは逃げ出したほうが賢明だろうね」

今後は企業が伸びるのも衰退するのも、トップの実力次第というのが、一人さんの見方です。

そうなると、企業で働く人にとって、自分の今後を占うバロメーターは、「トップの実力」ということになります。

自分の給料が適正かどうか考える。たしかに、これはトップの経済観念をはかる指標として、もっとも便利かもしれません。

そして、経済観念の有無こそがトップの実力を見る目安だと、一人さんは考えているようです。

トップに経済観念がないようでは、たしかに不安です。舵取りを誤って、会社を倒産させてしまうのではないかと思われてもしかたがありません。また、すぐに倒産ということがなくても、業績が落ちていきそうに思えます。

そうなれば、そこで働く社員の給料も次第に下がっていくわけです。

いずれにしても、長い目で見れば、トップが経済観念を持っていない会社にそのままいても、あまり得なことはなさそうです。

それに、これからの時代に実力を問われるのは、経営者だけではありません。自分自身もまた、実力をつけていかなければ生き残れないわけです。

そんな時代に、今の給料が少しばかりいいからと、経済観念のないような人が率

斎藤一人流「ダメな会社」の見分け方

Q あなたなら、どの会社を選ぶ？

①給料が安い会社
②給料が普通の会社
③給料が高すぎる会社

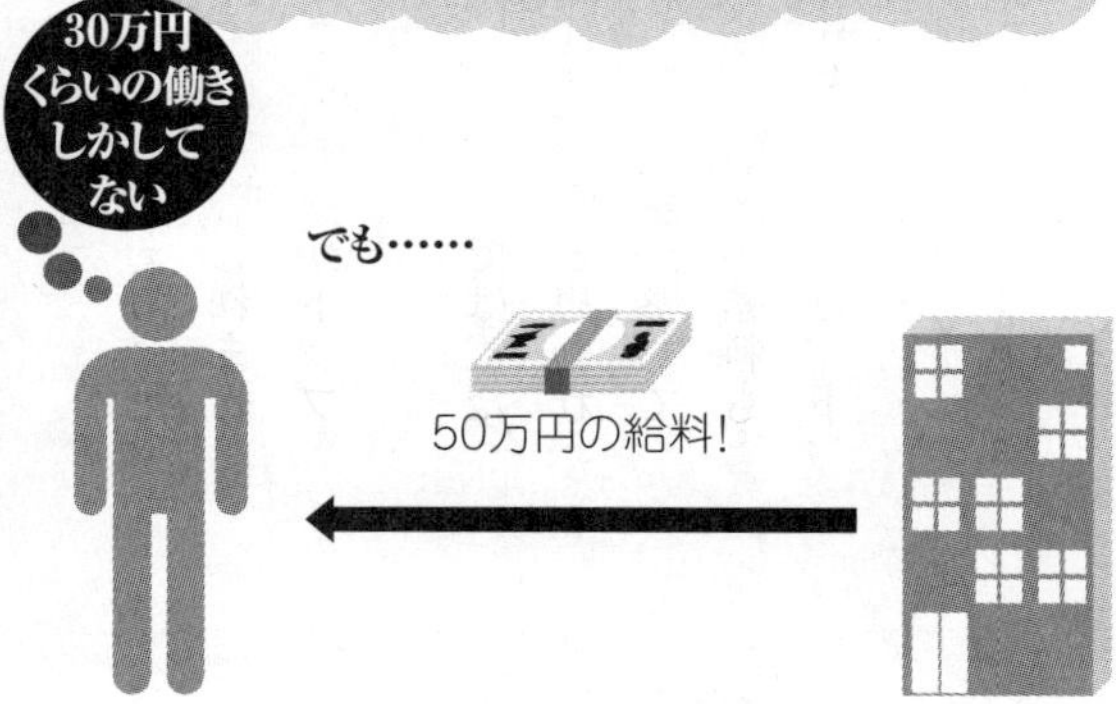
30万円くらいの働きしかしてない
でも……
50万円の給料！

こんな会社は「倒産間近」!?

↓ なぜなら……

会社のトップに「経済観念」が足りない！

ひとり：**「自分の実力以上の給料をくれる会社」は危ないよ**

いる会社にいて、いつまでもぬるま湯に浸かっていたのでは、自分自身の生き残りにとっても危険なことになってしまいます。

そんな会社に長くいて、そのうち倒産しても、その頃にはどこへも行く当てがなくなってしまいます。

ぬるま湯の中にいたため、自分に何の実力もつけていないようでは、時代の流れに取り残されてしまうわけです。

社員に多く給料を出している会社は、社員にとっては居心地がいいのですが、自分の今後の人生を考えれば問題だということになるのです。

「給料の多すぎる会社からは逃げたほうがいい」

この目安を持てば、目先の得にとらわれず長期的な見通しを持って、自分の会社を判断できるのかもしれません。

人柄主義の時代――「心で仕事をする人」だけが勝つのです

これからの時代を生き抜くために、一番大事な目安は何なのか――これについて、一人さんはこう言います。

「これからの時代、人に嫌われて得なことは絶対にないんだよ。

人をねたんだりして嫌われると、生き残れなくなるよ。上をねためば上に嫌われる。横をねためば横に嫌われる。下をねためば下に嫌われる。人に嫌われれば仕事もできなくなるんだ。

これからの社会で大切になってくるのは学歴でもない、家柄でもない。『人柄』なんだよ。

学歴社会のときには、学歴のないことは致命的だった。

それと同じように、これからの時代には人柄が良くないことは致命的になってしまうんだよ。

なぜなら、これからは人柄社会になっていくからなんだ。

実力があって、しかも人柄がいい人が、これからは生き残っていくんだよ」

昔、家柄が人生のほとんどを決めてしまう時代がありました。

江戸の頃ならば殿様になれるのは殿様の子、家老には家老の子と決まっていて、どんなに実力があろうと人柄が良かろうと、農民の子が殿様になることは不可能でした。

時代が下り、明治から昭和初期に入る頃までの社会でも、家柄は重視されていたのです。ただ、戦後になってもしばらくは家柄社会の影響は残っていましたが、少しずつその影響力は失われていきました。

そして、次に訪れたのは、学歴社会です。

戦後になり人々の多くが会社員として働くことを選ぶ時代になると、いい会社に就職することが成功への道だと考えられました。そして、企業への就職の際、決め手となるのが学歴でした。

学歴がなければいい会社には就職はできず、しかも、就職後にどのようなコースを辿るかということまで、学歴で決まってしまうのが実状だったのです。

いい大学を出ていれば出世コースが保証され、二流、三流と見なされる大学を出ていると出世はまず無理、ましてや、高卒ではよほどのことがなければ企業の幹部になることなど夢のまた夢だったわけです。

日本は高度成長を続け、世界でも第二位の経済大国となりました。このような繁栄の時期、それを支えていた企業は、年功序列を基盤とする終身雇用という体制で経済活動を行なっていたわけです。

一度就職した企業で一生を働く。その代わり、安定した収入を得て生活する。そのような時代、自分の人生を預ける企業で、その先行きを決定してしまう学歴の意味はとても重いものでした。

ところが、日本の繁栄に陰《かげ》りが出はじめた頃から、状況は変わっていきました。企業は生き残りのために年功序列と終身雇用を放棄しはじめたのです。

そして、ご存じのように、浮上してきたのが実力主義です。

もちろん、実力はいつの時代にも大切なことでしたが、ことに今のように経済状況の厳しい時代に入ると、企業の勝ち残りのカギは実力だけにかかってきます。

そうなってくると、学歴の意味は失われ、その個人の正味の実力だけが問われるようになります。まして、学歴が重い意味を持つ時代の影響により、大学進学率が四〇%以上などという時代になっているのですから、大卒という資格には何の価値も認めてはもらえません。

一流大学と言われるところですら、年間に何千人という卒業者を出しています。雇用する企業もその肩書きだけで人を信用するほど甘い時代ではなくなっているわけです。

また、これを逆から言えば、学歴などなくとも実力さえあれば、生き残り、勝ち残りが可能な時代だということでもあるのです。

そして、この実力主義の時代にカギとなるのが「人柄」だと、一人さんは判断しているようです。

前にもお話ししましたが、これからのビジネスで勝負の分かれ目となるのは、顧客満足ということです。

そして、顧客の満足は「喜び」を与えることによって実現します。また、顧客に

斎藤一人流「実力主義」とは？②

── 今までの「時代の流れ」を見てみよう ──

時代の流れ

◎封建時代から戦前まで
（家柄が人生を決める）　**→家柄社会**

◎戦後の経済繁栄期
（学歴が社内の出世を決める）　**→学歴社会**

◎これからの実力主義時代
（人柄が実力につながる）　**→人柄社会**

では、

「人柄社会」って？

モノ余りの時代（現代）は
「顧客満足」が勝負

↑

顧客に喜びを与える人
（みんなに喜びを与えられる人）**が**

勝つ！

つまり……

これからの時代は
「人柄の良さ」が「実力」なんだ！

喜びを与えられる人とは、社内の人々にも喜びを与えられる人であるというのが、一人さんの考え方です。

そこで、喜びを与えられる人、すなわち、人柄の良さが重要な時代になるという予測が立つわけです。もちろん、人柄さえ良ければそれでいいわけではありません。そこに実力がなければしかたありません。

ただ、その実力にも人柄という要素が深く関わってくるようです。

そして、人柄について、一人さんは次のように言ってます。

「人柄ってね、誰が見てもわかるよ。この人は愛のある人かどうか。買い物する人はちゃあんと店員の人柄を見抜いているんだよ」

これからの時代は、実力主義。そして、人柄社会。

私たちはこのことを目安にして、これからの時代を生き抜いていきたいものです。

そんな時代に向けて、最後に一人さんは私に言いました。

「いいかい。人を傷つけちゃいけないよ。

人は感情で動く。人の感情を傷つけて、いいことなんか一つもない。商人は敵をつくっちゃいけないんだ。これが基本理念だよ。

オレの考えを誰かに紹介するのはいいけれど、それが正しいなんて思い込んで話しちゃいけないよ。こんな考えもあるというだけのこと。ほかの人の考え方が正しいのかもしれない。

たとえ自分の意見に自信があっても、かならず『変わった意見なんだけれども』と一言つけてから始めるんだよ。

人を傷つけちゃいけないよ。

それがこれから生きていくのに大切なことだよ。

ほかの人たちにも、かならずそう言っておいておくれ」

「誰かのためにがんばる」ってのが、プロの仕事なんだよ

「オレは商人だから……」

一人さんがそう話し出すと私はワクワクします。とくに、

「商人は、お金という血液をグルグル回す社会の心臓だよ。心臓がしっかりしないと、この国のすみずみまで血が届かないんだよ」

「商人は、がっちり稼ぐんだよ。いくら儲けても大丈夫。税務署がどんどん持って行って、日本中にばらまいてくれる。預金したお金は、銀行がどんどん誰かに貸してくれる。だから日本中どこでも商売ができる。死んだら国がみんな持っていってくれる。

だから安心してお金を稼ぎまくっていいんだよ。心臓が肝臓や腎臓みたいなこと

言ってちゃダメってことだよ」

といった一人さんの言葉に、私は心底しびれます。

「オレは職人だから、この技は絶対、後世に残す」

「オレは警官だから、絶対に市民を守る」

「オレは教師だから、子どもたちを愛すること、守ることに命をかける」

「オレは公務員だから、何よりも住民の利益を守る」……

こんなことを熱く語るカッコいい大人は、だいぶ減ってしまいました。

でも、若い人や子どもから見て、カッコいい大人が増えると、もっともっとこの国は「カッコいい国」になると思います。

私は、義務を果たそう、誰かのためにがんばろうとするとき、ピッと自分を支えてくれるような、自分自身の〝大人の背骨〟を感じることがあります。

一人さんを見ていると、そうした〝大人の背骨〟をシャキッと伸ばして立っていることの美しさを再確認できるのです。

「オレは商人だから さ……」

あなたは、「私は○○だから……」になんという言葉を入れますか？

「商人」という言葉を入れる一人さんは、テレビには出ません。

本も自分では滅多に書きません。

「商人ですからしっかり利益を出して、つつがなく支払いをして、税金を払って、給料を払って、それに命をかけていますから……」

日本一のお金持ちと言われてもずっと変わらない。本当にそういうところがすごいと思います。

私もそんなカッコいい商人になりたい。

これが私にとって、これからの時代を生きていくうえで一番大切な〝目安〟になっています。

4章

「お客さんの心理」を読んでひとり勝ち！

【日本一のお金持ちの目から見た「これからの経済」とは？】

大流行がなくなる時代。だからコツコツ売るしかないんだ

これからは、流行の傾向に、時代の変化があるようです。

「これからは大きな流行はなくなるよ。

昔ならばスキーがはやったり、テニスがはやったりということがあった。これかららは、せいぜいマイブームに毛の生えた程度の小さな流行しかないだろうね。

だから、大きい企業は仕事が非常にやりづらくなるんだよ」

これは「顧客満足」の変化に関連があるようです。かつてのモノ不足の時代なら

ば、誰もが欲しがるような商品がありました。

でも、ほとんどのモノが満ち溢れているモノ余りの時代には、万人が求めるような商品を出すことがむずかしくなります。

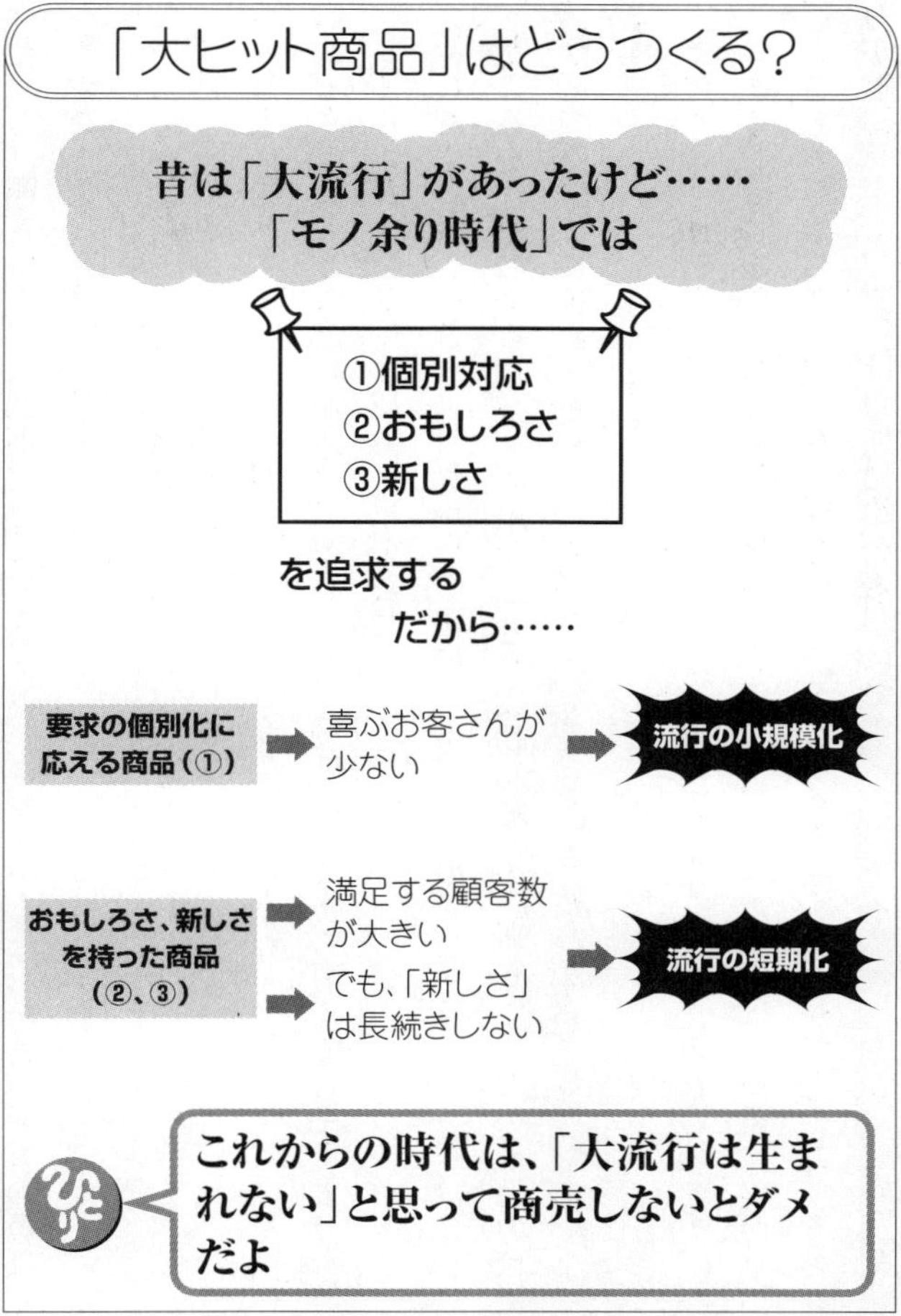
「大ヒット商品」はどうつくる？
昔は「大流行」があったけど……
「モノ余り時代」では
①個別対応
②おもしろさ
③新しさ
を追求する
だから……
要求の個別化に応える商品（①）
喜ぶお客さんが少ない
流行の小規模化
おもしろさ、新しさを持った商品（②、③）
満足する顧客数が大きい
でも、「新しさ」は長続きしない
流行の短期化
ひとり
これからの時代は、「大流行は生まれない」と思って商売しないとダメだよそして、顧客の要求は個別化していき、流行といってもそれを喜ぶ顧客の数はぐっと少なくなるわけです。

そのため、大きな流行はないと一人さんは見ているようなのです。

また、一人さんはこのような指摘もしています。

「カラオケ並みの全国的で長期の大流行はもうないだろうね。今後、一気に全国へ広がるような大きな流行があったとしても、それはたちまち消えてしまうよ。

つまり、大きな流行は長続きしないということなんだ」

新しさやおもしろさも、これからの顧客の求めるものです。

ところが、そのようなモノを出すことに成功しても、「新しさ」という魅力は時間が経てばすぐに色あせますし、「おもしろさ」という魅力は飽きられやすくなります。

そのため、流行が長期化しないで、急速に消えてしまうと考えられるのです。

つまり、顧客の要望の個別化に対応することで起こった流行は小規模に終わり、新しさやおもしろさで成功した商品は、一気に多くの顧客をつかむものの、その魅力が継続せずに、流行は短期に終わるわけです。

このためこれからは、大流行になったからといって大量に増産しても、流行が終息してしまい、ムダな在庫を抱えてしまうリスクが高くなると言えそうです。

どうやら、モノ余りの時代には、大きな流行は起きにくいと考えておいたほうがいいかもしれません。

なぜ「商人は土地を買わない」か、わかる?

ここ十数年、日本の土地価格は下がりつづけてきました。

ただ、東京都心などでは大規模な再開発が行なわれて、活気を取り戻しているようです。

新しい丸ビル、六本木ヒルズなど、こうした再開発を行なったところでは地価も上昇しているようです。

それでは今後、地価の下落は止まるのか、それともまだ下がりつづけるのか、今後の地価について、一人さんはどう見ているのでしょうか。

「オレは商人だから土地は買わないんだよ。

だってお金があるからって買っちゃったら、家賃が上がったりして、うちのお客さんにも多いサラリーマンの人がかわいそうじゃないか。

だいたい地面なんて自分のもんにはならないんだよ」

というのが土地に対する基本的な見方のようです。そう断ったうえで、地価については次のように教えてくれました。

「全体的に言えば、土地はこれからも下がるよ。

都心の地価が再開発で上がったように見えるよね。でも、ことはそんなに単純にはいかないんだ。

規制が緩和されて四〇階、五〇階のビルを建てられるようになったから、土地の利用価値が高まって地価を上昇させるよね。だから、再開発地自体の地価は上昇するだろう。

ところがそうなると、それまで周囲にあった小さいビルからオフィスが移転してきて、今までのビルには空きが増えることになる。すると、周囲の地価は逆に下がるんだ。

なぜなら、五〇階のビルができるということは、五〇階の床面積分だけ土地が増えたのと同じことになるからだよ。

土地が増えたら増えただけ地価は下がる。規制が緩和されれば土地が増えるということになるのだから、全体的に見れば、地価を下げることになるんだよ」

再開発は土地の利用価値を高めるので、地価を上昇させます。そのため、一見、地価上昇のためには良いことのように思えるのです。

しかし、全体を見れば、再開発は利用可能な土地の面積を増やしていることになるので、地価をかえって押し下げてしまう効果となってしまうようです。

では、再開発とは別に考えたときの地価の動向は、今後どうなるのでしょう。

近年、都心の地価に関しては下落が止まったかにも見えます。

すでに一〇年以上も地価の下落は続き、バブルの頃に比較すれば約半分になっているようです。そろそろ地価も適正な値になり、下落が止まるという見方をする人もいます。

それでは、これから下げ止まりは首都圏全体、全国の大都市圏へと広がっていくのでしょうか。

「昔に比べて半額だといっても、本来ならば一〇分の一、二〇分の一のはずということもあり得るんだよ。

斎藤一人の「世の中はこう変わる！」①

再開発地そのものの地価

建築の規制緩和
→高層建築が増えて、
土地の利用価値が上昇

地価が上昇！

でも……

再開発地を含めた周囲の地価

高層ビルの建設
→利用できる
床面積が増える

地価の平均は下落！

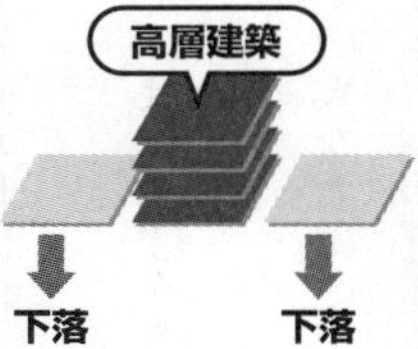

しかも……

本当の地価

銀行が隠し持っている
土地を売却すると……
→その分だけ利用
できる面積が増加

さらに地価が下落！

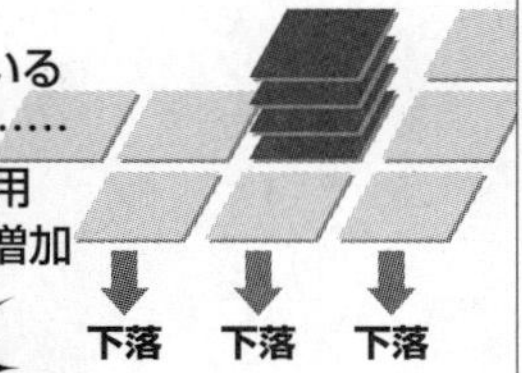

ひとり

土地はこれからどんどん安くなる。
だから……
続きは次の項目の話で……

なぜなら、バブルの頃に生まれた債権の担保で、土地を大量に抱えている銀行が売りに出さないので、実際の価値が見えないからなんだ。

もし銀行が抱えている土地をすべてを売りに出せば、その価値がもっと安いという実態がばれてしまう。

それを知っているから銀行は売ろうとしないんだよね。

でも、その土地もいずれは売りに出さなければならなくなる。

だから、地価はもっともっと安くなると見たほうがいいよ」

銀行が土地を抱えていても、それはただ持っているだけで利用されていません。

現在の土地の価格は、実際に利用されている土地だけの流通で決まっています。

つまり、銀行が抱えている分だけ、本来の土地の面積より狭い状態で価格が決まっているわけです。

利用可能な土地の面積が増えれば地価は下落しますから、銀行が土地を売りに出さない限り、地価が本当はどのくらいまで下がるのかわからないわけです。

そのような土地は銀行全体で膨大な面積になるはずです。

その膨大な土地をすべて売却し、利用可能な状態にしたとき、はじめて本当の地価がわかるわけです。

収益還元法などによる土地の使用価値にもとづいた地価が下支えするのでしょうが、一部の一等地を除いて地価は相当に安いものになると推測できるのです。

どうやら、土地の下落はこれからも続くと見たほうがいいのかもしれません。

家を買うなら「資産」と思わず「消費物」と思うことだよ

自分の家を持ちたいと考えている人は多いでしょう。家を持つことについて、これからの時代ではどう考えたほうがいいのか気になるところです。

まず、持ち家と賃貸とどちらが得になるのか、という問題があります。これについて、一人さんの考え方はこうです。

「賃貸と持ち家を比較すると、計算上は賃貸のほうが得という時代になるよ。なぜならば、土地がこれからはもっと下がるからなんだ。

一〇年以上前までは、土地が上がりつづけることを前提にして、家を買ったほうがいいと言われていた。

ところが、これからは土地が下がるから、この逆になるんだよ。

今のところ、このことはあまり言われていないようだけれど、そのうち評論家などからこうした声がだんだん多く出るようになるだろうね」

家を買うことと賃貸とどちらが得か、その計算を本格的にやると複雑なようですが、原則として、土地が下がるから持ち家よりも賃貸のほうが得というのが、一人さんの考え方のようです。

また、家を購入する場合、多くの人が住宅ローンなどを組むわけですが、土地が下がる時代には、これも注意が必要なようです。

「とくに、借金して家を買うと損になるよ。

話を簡単にするため、仮に五〇〇〇万円の家を全額借金で買ったとしよう。土地の値下がりで、家の価値が四〇〇〇万円になったとすると、一〇〇〇万円の損になるよね。

ところが、損はそれだけではないんだ。借りた五〇〇〇万円には金利がつくよね。仮に金利が全部で四〇〇〇万円だとすると、結局、四〇〇〇万円の価値になった家を九〇〇〇万円で買ったことになるんだよ。

実際には、借金を払い終わった頃には家は古くなって、家屋の価値はほとんどないんだよ。家がガタガタになり、家屋としての資産価値はゼロということもよくある。そのうえ、地価が下落して、買った当時の三分の一、四分の一ということにでもなれば、資産価値がほとんど残っていないことになってしまうんだよ。

しかも、かなり長い間は古い家に住むことになるんだ。

これに比べると、賃貸ならば適当な時期に引越していれば、いつも新しい家に住むことができる。しかも、地価が下がっていくから、賃貸料もだんだん下がるよね。だから、借金して家を買うくらいなら、賃貸のほうがずっと得ということになるんだよ」

住宅ローンで家を買うと、家の価値はどんどん下がるのに、金利だけははじめに借りた金額に対してかかってきます。つまり、借金をして家を購入すると、土地の下落分だけでも損をするのに、それに金利も加わって、損が拡大することになるようです。

そこで、これからの時代に家を買うことについて、一人さんはこんな考え方を目安にするべきだと言います。

「家を買うならば、それは資産だと思わずに、消費物だと思うことだよ。

車でも何でもそれを買うとき、長く使っていけば古くなる、長い間使ってから売れば安くなるということを覚悟して買うだろう。家もそれと同じことだよ。時間が経てばどんどん安くなって、やがて、価値がゼロになると考えておけばいいんだ。

これは当たり前のことだよ。

以前のように、家を買って住んでいると、そのうち値上がりするということのほうが異常だったんだ。もうあんな異常な時代は来ないんだよ。

使っていたものは使った分だけ値段が下がる。

これからは、家もこの当たり前の感覚で買えばいいんだよね」

どうやら、家の購入も、車と同じ感覚で行なう時代になるのかもしれません。

「土俵でプロレスをする」——これが流通業界の新しい発想なんだ

現在、アメリカからは流通の大手企業が日本国内に進出してきています。一人さんはこの状況を次のように見ているようです。

「日本市場に、これからますます世界中の強い企業が参入してくるだろうね。日本の流通業界はどうなるかというよりも、これからの厳しい競争の中で、どこが勝ち抜くのかということを見なければならないんだよ。

勝つのが日本の企業とはかぎらない。アメリカ企業かもしれない。日本の企業が軒並み敗れれば、日本の流通業界は壊滅だよ。

でも、逆に言えば、世界中の企業と戦ってどこかの日本企業が勝てれば、そこはこれから大きく伸びるということなんだ。

これは格闘技の世界みたいなものだよ。

今までは日本の中で、日本企業同士で戦っていたよね。これは相撲のようなもので、それまでは相撲取り同士で戦っていたわけだ。

そこへきて、規制が緩和された。戦いのルールが変わったんだよ。

すると、アメリカの企業が参入してきた。これはボクサーやプロレスラーだ。そうなると、これはもう相撲じゃない。異種格闘技だよ。

言ってみれば、K《ケイ》－1《ワン》の世界だよね。

そうなると、今までのように相撲のやり方をして戦っていたのでは、日本企業は勝てない。今度の相手は拳で殴ったり、飛び蹴りしたりするヤツらだからね。何でもありで戦うしかないんだよ。

これは本当に強い企業を決める戦いなんだよ。そしてこの戦いの中で日本の企業も強くなっていくんだ。

もし、日本の企業がこの戦いを勝ち抜ければ、世界で戦えるようになるよ」

また、この競争は日本の消費市場におけるシェア争いにもなってくるわけです。

そのシェア争いの主戦場となるのは、値下げ合戦だと一人さんは見ているようです。

世界中の企業を相手に値下げ合戦を繰り広げる。そして、この戦いに勝てば世界で戦えるというのが、これからの流通業のようです。

さて、流通業界は激動の時代になるようですが、銀行業界は少し違うようです。

「銀行はしばらくこのまま、だらだらと行く。銀行という業界にはまだ規制が多く、国内の銀行同士で戦っている状態で、海外から強い銀行が本格的には入り込めていないんだ。銀行業界の実態は、今も『なあなあ』だよ。

まだ、Ｋ－１にはなりきれないということだな。

つまりは、ぬるま湯の中にいるわけだよ」

金融の規制緩和が叫ばれるようになってから、銀行業界の大規模な再編が進みました。大手都市銀行の合併が盛んに行なわれ、不良債権を抱えすぎて体力のない銀行がいくつもつぶれています。このような状況を見れば、規制緩和で銀行にも厳しい競争の時代が訪れているかにも思えます。

ところが、一人さんによれば、この程度ではまだ規制緩和が甘いという判断のようです。

それではなぜ銀行の規制緩和があまり進まないのでしょうか。

「銀行も流通業界のように規制緩和を進め、K－1の世界になると、外国から強い銀行がどんどん入ってくるよね。そうなると、ぬるま湯で育った国内の銀行はコテンパンにぶちのめされて終わり、ということになるんだ。

要するに、つぶれる銀行がたくさん出るということだよ。最近になって合併で次々にできた国内のメガバンクだってつぶれるところが出るかもね。

それをおそれているから、銀行の規制はなかなか外せないんだよ。ところが、規制を外せないと今までどおりのぬるま湯が続き、銀行の実力がつかない。

このジレンマは当分続くだろうね」

金融の規制緩和は、競争状態にすることで、国内の銀行に実力をつけるという狙いがあります。

銀行の体質が不健全で、実力が足りないことが、バブルを招いたという反省から、規制緩和が必要だと考えられるようになったからです。

ところが、いざ規制緩和を行なおうとすると、簡単に実行できないジレンマに陥ってしまったわけです。

世界の銀行と比較して国内の銀行に実力が足りないため、外国銀行と競争状態にすると国内の銀行がつぶれてしまう。だから、規制はあまり外せない。ところが、規制を外さないと、国内の銀行はぬるま湯にいるままで、いつまでたっても実力がつかない――。

つまり、競争はさせたいが、競争するとつぶれるというジレンマなのです。このような事情があると見ているので、一人さんは、銀行業界では再編は進むが、大局的に見ると当分はこのままだと判断しているようです。

私たちはこのような時代の流れを参考にしながら、これからの生き残りの道を考えていきたいものです。

昔は「怖いお巡りさん」が多かった。だから「悪いヤツ」も少なかったんだ

かつては治安の良さを誇りにしていた日本社会ですが、近年は犯罪が増加し、とくに凶悪犯罪が目につきます。なかでも、少年犯罪はいっときより増加しており、社会問題ともなりました。その一方で、犯罪を取り締まる警察の不祥事が相次ぎ、犯罪の検挙率も下がっているようです。

このように、社会に犯罪が増えつつあることについて、一人さんは今後どうなっていくと予測しているのでしょうか。

「この国は、どうしても犯罪者が増えるようになっているんだよね。

一時期、犯罪者が少なかったのは、当時の警察が大変におそれられていたからだよ。それは、戦前からの流れでそうなっていたんだけれど、その名残で国民が警察

をおそれていたため、犯罪者が少なかっただけなんだ。ところが、おそろしい警察というイメージが薄れていくにつれて、犯罪者が増えやすいというこの国の実態が現れはじめたんだよ」

一人さんの見方では、かつて治安が良かったのは、当時の警察のシステムが優れていたからではなく、警察が怖いというイメージがあったからだということのようです。

戦前の警察は強引な取り調べを行なっていたそうです。

特高警察という特殊な組織もあり、拷問に近い暴力的なやり方をしていて、捕まった人が死んでしまうこともあったという話を聞きます。戦後の警察はもちろんそのような組織ではありませんが、戦前からの警察のイメージが国民の意識の中にはしばらく残っていたはずです。

このイメージが犯罪を抑止していたと一人さんは見ているわけです。ところが、終戦から半世紀以上が過ぎるうち、「警察＝怖いところ」というイメージが薄れていくと、その犯罪抑止効果がなくなっていったというのが一人さんの見方であるわけです。

そして、イメージからくる抑止が失われて、現れてきた実態が、「犯罪者が増えやすい」というものだと一人さんは言うのですが、これは何を意味しているのでしょうか。

「この国は、犯罪者を守っているという特徴があるんだよ。

今の時代は若い子が犯罪に走りやすいんだが、このことも同じ原因から来ているんだ。

少年の犯罪者をこの国は守っているんだよ。そのことが、少年犯罪を増やす原因になっているんだ。

国のやり方では、未成年のうちに罪を犯しても、刑が成人に比べて格段に軽い。未成年は未熟だから、罪を犯してもその子どもの将来を考えて少しは大目に見ようという考え方から来ているんだ。

つまり、これは被害者の立場より、加害者の立場を守っているということだよね。

成人の犯罪にも同じような面があるんだよ。

たとえば、同じ殺人事件を起こしていても、精神に障害がある犯罪者だと刑が軽くなる。障害の度合いが強い場合、無罪になることさえある。

これも、被害者ではなく加害者を守るということだよ。

また、高速道路を走っている車は、二四時間、カメラで撮影できるから、警察は車のナンバーをその気になればいくらでもチェックできるんだ。そうすれば、盗難車などすぐに発見できるはずだけれど、警察はやろうとはしない。その理由は、それをやればプライバシーを侵害するからなんだよ。

ここでも、国は被害者よりも犯罪者を守っているわけだよね。

こんな具合に、国が犯罪者を守っているわけだから、日本は非常に犯罪のやりやすい国になっていて、そのために犯罪が増えている。

つまり、日本という国が犯罪者を守って、犯罪を増やしていることになるんだ。だから、これからも犯罪は増えつづけるよ」

たしかにこの国では加害者の人権にばかりに目がいって、被害者の人権が置き忘れられているような気がします。未成年者への教育的な配慮も、加害者の人権も大切かもしれませんが、だからと言って、被害者の人権がどうでもいいということにはなりません。

被害者の立場に立てば、加害者が精神障害者だろうと未成年者だろうと、被害を受けたことに何の変わりもないわけです。

加害者を守るということが結果的に犯罪を増やし、被害者を増加させるのは、やはりおかしいと言わざるを得ません。

それでも、しばらく日本の犯罪は増えつづけるという結論になるようです。

「治安の良さは資源」と考えるとうまくいくよ

日本での犯罪は増えつづける。ただ、そんな日本にもやがて転換期が来ると、一人さんは読んでいるようです。

「このまま犯罪が増えつづけて、どうしようもなくなった頃、犯罪者を守るより、被害者を出さないことのほうを重視するようになるよ。

少し前のアメリカが、ちょうどそうだった。

あまりにも犯罪が多くなりすぎて、ほかの役人の数を減らして、警官の数を増やしたんだよ。少年犯罪についても、刑を大人と同じにしたんだ。そうして、一頃に比べると、格段に安全な国になったんだよ。ニューヨークなども、昔は犯罪がおそろしくて、気軽に外へ遊びにいけるようなところではなかったけれど、今では相当に安全な街になっている。

これと同じような変化が日本にも起こるだろうね。

犯罪を行なう人の数と、犯罪の被害に怯《おび》える人の数を比べれば、そのことは明らかだよ。犯罪を減らしてほしい人のほうが圧倒的に多いのだから、犯罪がどうしようもなく多くなれば、それを減らす政策をやらないと、政治家は票を集められない。治安を良くすることが当選につながるのだから、政治家はかならずそれをやるようになるよ。

本当は、犯罪に泣く人が増える前に手を打てればもっといいんだが、それは無理だろうね。

田舎には役人が溢れるほどいても、交番には誰もいないことが多い。駐車禁止を取り締まることには熱心でも、重大な犯罪者の検挙が進まない。こんな現状を見ていても、何もやろうとしないんだから、期待はできないよ」

犯罪が増加して国民に被害者が増えてくれば、犯罪に厳しくする政策が票を集めるようになります。そうなってから、ようやく国は犯罪者を守ることよりも、被害者を出さないことのほうを重視する政策へと転換すると一人さんは読んでいるわけです。

これとは別に、政策が転換される理由がもう一つあると、一人さんは見ているようです。

「政治家がいずれ政策を変えるようになるのには、経済的な理由もあるんだ。犯罪が増えると治安が悪くなるわけだが、社会の治安が悪くなると、その国から金が逃げていくんだよ。

治安が悪いところには誰も住みたくはないよね。そこで、海外へ脱出できるほど金を持った人は逃げていくんだ。

また、治安の悪さは経済活動にとって致命的だよ。外で安心して買い物もできない、遊びにも行けないのでは、消費が鈍るものね。しかも、そんな国で好き好んで商売をしたがる人はいないから、企業も逃げていく。

つまり、治安の悪さが不景気を呼んでしまうわけだよ。そうなった頃、政治家は慌てて犯罪に厳しい政策へと転換するんだ。治安を守ることが経済に関係してくれば、それは政府の一番大切な仕事になってくるからね。

逆に言えば、治安の良い国には金が集まってくるということだ。治安の良さが金

斎藤一人の「世の中はこう変わる!」②

今の日本は……

犯罪者の人権を守る（＝犯罪をやりやすくする） ＞ 被害者を守る（＝犯罪に対して厳しくする）

犯罪者が増える
犯罪を減らしてほしい!

政治的理由

治安悪化で経済活動が鈍る
安心して商売がしたい!

経済的理由

犯罪を少なくする政策をとろう

これはいかん!

ひとり

日本では、犯罪は増える。でも、だんだん少なくする政策がとられるよ。ただ、警察を当てにしちゃダメだよ

を集めるのだから、これは『資源』と同じだよ。
いずれ、治安の良さが資源と見なされる時代になる。
その頃には、治安が守れないような政府なら、政権交代も当然だということにな
っているよ」
つまり、治安が経済に大きな影響を与えるのですから、それが悪化すれば政治家
も動き出すと一人さんは見ているわけです。
犯罪はこのまま増えつづける。どうしようもないほど治安が悪化した頃、犯罪を
減少させる方向へ政策が転換される。
以上が、犯罪の増加に関する、一人さんの読みです。
このまましばらくは犯罪が増えるようです。警察は当てになりませんから、何と
か自衛の方法を考えたほうがいいのかもしれません。

大事に育てた子どもほど「親を大事にしない」

日本国民の年齢構成について、これからは高齢者の割合が高くなり、子どもの割合が低くなると予測されています。いわゆる、「少子高齢時代」です。そのため、近い将来には、子どもたちが少ない人数で、大勢の老人を養わなければいけなくなると言われています。

このような時代の読み方は一般的になりましたが、このことについて、一人さんの見方は違うようです。

「少ない子どもたちが大勢のお年寄りを支えるということは、事実上ないんだよ。

少子化というのはしかたのないことで、これから子どもはどんどん少なくなるだろうね。子どもが少なくなると、どうしても大事にされる。

ところが、大事にされた子どもというのは、甘やかされて育っているから、使い物にならない場合が多いんだよ。

もちろん、なかにはしっかりした子もいるだろう。だが、全体の話となると、そう見たほうがいいんだよ。

結局、今の子どもたちに頼るというのは、無理ということになるだろうね」

一人さんの見方では、今の子どもたちが大人になっても、高齢者を支えるような収入を得る力がないということのようです。

さらに、一人さんはこのように見ます。

「甘やかされて大事に育てられた子は使い物にならないから、自分たちが生きていくのがやっとだよ。そのため、そんな子どもが大人になってからも、へたをすると両親や祖父母が面倒を見てやらなければならなくなるんだ。

大事に育てた子どもは、最後まで大事にしてやる。

要するにそういうことなんだよ」

今までは、若い人が働いて、高齢者を扶養するということが当たり前でした。ところが、これからは高齢者が若い世代を扶養すると一人さんは言うのです。

つまり、高齢者と若い層の関係の逆転です。

今のところ、少子高齢化によって、年金の財源が厳しくなっています。

そのため、年金の支給額を減らしたり、支給年齢を引き上げたりといった様々な方法が検討されました。

もし、一人さんの読みが当たって、今の子どもたちが成人したときも収入を得る力がないとすると、年金制度はさらに厳しいものになるはずです。

そうなれば、高齢者が自分たちの暮らしを立てるだけでも大変なことになりますが、そのうえ、子どもの面倒まで見るとするとどうすればいいのでしょうか。

「少子高齢時代になると、高齢者はどうすればいいか。

その解決法は一つしかないね。

お年寄りが働く。

本当に厳しいけれど、それしかないんだよ。

六〇代になっても七〇代になっても、働きつづけるしかないんだよ。

今の五〇代、四〇代あたりの中間層は、年を取っても働いて、甘やかされて育った子どもを養いつづけるしかない。

これは厳しいことだよね。でも、自分の力でがんばる気持ちのある人ならば、かならず明るく生きていく道が見つかるはずだよ」

この予測は、今働いている現役世代にとって、非常に厳しいものです。そのため、こんな反論をしてみたくなるかもしれません。

「いくら甘やかされて育ったといっても、お年寄りを大切にしようという気持ちぐらいあるんじゃないか？　年老いた両親を見ても、自分ががんばろうとしないものだろうか」

これに対して、一人さんはこう答えています。

「昔、お年寄りが大切にされた頃は、お年寄りが少なかったんだよ。大切にされるものというのは、少ないものなんだ。これからお年寄りはものすごく多くなる。多いものは大切にされないんだよ。

これは経済の原則だよ。

パンダだって、数が非常に少ないからこそ、大切にされているんだ。

もしパンダが大量にいたら、今頃は食料として狩られていたかもしれない。ダイヤモンドも希少価値があるから大事にされる。もし砂利ほどもあったら誰も大切にはしないよね。

これからは、若い人よりもお年寄りのほうが多くなる。多いものは大切になんかされないんだよ。

これからのお年寄りは、そう覚悟して生きるしかないんだ。

でも、その覚悟さえしっかりとあれば大丈夫。新しい時代を生きられるよ」

こんな時代になるのだとすれば、これからの生き方についてもう一度考え直したほうがいいのかもしれません。

そして、こうした時代の流れさえ知っていれば、かならず活路が開けると一人さんは思っているようです。

家族から愛されるのも、子どもから好かれるのも「実力」なんです

「これからは、結婚してもそれが男女関係のゴールではなくなるよ」

一人さんはこう言います。どうやら、夫婦や家族についても、時代の変化が見られるようです。

「ラーメン屋さんが一度はお客さんを獲得しても、そのラーメンが実際にうまくなければ、お客さんはよそへ行ってしまうよね。これと同じで、これからは、夫婦になっても相手が満足できなければ、どんどん離婚ということになるんだ。

つまり、連れ添ったら一生その関係を続けるのが、当たり前ではなくなるんだよ。

だから、五回や六回の離婚もめずらしくない。そうした時代になるよ」

たしかに、最近では離婚はめずらしいことではなくなりつつあります。

みんながよく知っている芸能人などの例では、二度も三度も結婚と離婚とを繰り返している人がよくいます。芸能界というところは特殊だと思われるかもしれませんが、たいていの人の身近にも離婚歴のある人が一人や二人はすぐに見つかる時代になっています。

これは結婚観が変わったからだと、一人さんは考えているようです。

これからのビジネスは「本当の時代」だと一人さんは見ていました。これは、本当に実力のある人・モノがビジネスで成功する、実力主義の時代ということでした。

ところが、これからはビジネスだけでなく、夫婦関係も本当の中身を問われる、実力主義の時代になると、一人さんは見ているようなのです。

「家族関係も変わるよ。

今後は、たとえば父親だからという理由で立ててくれはしないんだ。家族に人気のある父親とは、ほかの人たちにも人気のある人でなければならないんだよ。

要は、家族だろうが周りの人だろうが関係なく好かれる人間でなければ、家の人間にも好かれないということなんだ。

会社で嫌われる、隣近所でも嫌われる、そんな人は家族にも嫌われるんだよ。子どもだから自分を愛してくれるはず、そんなふうには思わないほうがいいよ。要するに、家族関係についても、その人の人間的な実力次第、という時代になるんだ」

かつては、結婚しているという事実が、生きるうえで重要な時代がありました。結婚をしていないと女の人は生活が厳しいものになり、男の人にとってもいい年をして結婚をしていないと社会的な信用を失って出世に響いていました。また、結婚して子どもをもうけないと、老後の面倒を見てくれる人がいなくなると心配したものです。

ところが今では、結婚が生きていくために必須の条件ではなくなりました。女の人も外で働いて十分な収入を得ることができますし、男の人が結婚をしていないからといって社会的に不利になるようなこともありません。

また、老後についても、かつてならば家族が面倒を見るのが当たり前でしたが、今では家族よりもお金を頼りにする時代です。

このように、「結婚」と「家族」が、生きていくための条件であった時代から、現在のように、生きていくのにはかならずしも必要ではない時代となりつつあるわ

斎藤一人の「世の中はこう変わる！」③

昔

「結婚」していると得られたのは
・社会的な信用
・老後の安心
……etc.

「結婚」＝ゴール

今

「結婚」＝スタート（手段）
ゴール＝「楽しさ」

↓

結婚・家族関係も「実力主義」！

ラーメン屋		結　婚
ラーメンが まずければ お客は離れていく	同じ！ ＝	家族関係が 楽しくなければ 妻（夫）は離れていく

ひとり：**これからは、「家族」がなくても生きられる時代。「結婚」したいなら、人間の魅力を磨かなきゃね**

けです。

そんな時代に結婚や家族に求めているものは、「生きていく」ための手段というよりも、むしろ、「より楽しく生きる」ための手段という面になっているようです。そうなると、結婚相手や家族としては、「一緒に暮らして楽しい人」が求められることになります。

つまり、一人さんの「家族関係も実力主義になる」という言葉の意味するものは、結婚や家族をつくる目的に関する時代の変化を読み取り、その結果から導き出された予測だと考えられるわけです。

これからは、家族がなくても生きる手段は得られます。

家族は人生を楽しくする手段の一つですから、もし結婚し家族と暮らしていきたいのならば、人間的な魅力という「実力」を磨かねばならないようです。

5章

「時代の動き」を読んでひとり勝ち！

【〝変わり目〟が読めれば「やってやれないことはない」】

日本は「貧乏な人が暮らしやすい」社会になるからね

これからの時代、日本社会がどうなるのか、一人さんの見方はこうです。

「貧乏な人が暮らしやすい国になって、みんなが働く気をなくす。

この流れは、たぶん、止められないだろうね」

日本の政治家についての分析がその根拠となっているようで、一人さんは独自の見方を示しています。

「日本の政治家というのは、本来、経済観念がない。

だって、経済観念が発達している人ならば、政治家になろうとはしないよ。政治家というのは、もらっている給料より政治資金のほうがはるかに多くかかるものだよ。経済的に見れば、絶対に収支が合わない職業だ。そんな立場に、必死になってお願いしてまでなりたがる人に、経済観念があるとは思えないんだよね。

選挙では、そんな経済的に合わない仕事をしたがる『経済観念のない人たち』の中から選ぶんだから、誰が政治家になっても同じことだよ。

経済観念のない人が政治を行なうため、経済政策は間違ったものを続けていく。国の財政は悪化を続け、借金が膨らんでいく。

異論のある人もいるだろうけど、オレはそう思っているんだよ」

では、なぜ間違った経済政策が続くと判断しているのか、その根拠として、一人さんは、選挙制度の持つある特徴を指摘します。

「あの人たちにとって一番大切なのは、ただ当選することだけなんだ。そうなると、どうしてもお金のない人に有利な政治が行なわれやすいんだよ。

投票権はお金のある人もない人も同じく一票ずつ持っているよね。また、社会にはお金のある人よりもない人のほうが圧倒的に多いんだ。すると、お金がない人を優先した政策を行なうと約束すれば、票を集めやすいことになるんだよ。

だから、当選することだけしか考えていない人は、結果も考えずに、お金のない人を優先するような政策ばかりやるようになるんだ。そして、お金がない人を優先すると、お金のある人に不利な政策が行なわれることになる。

でも、これは経済の活力を失わせてしまうんだよ」

このことが一番わかりやすいのは税制です。

個人の所得について考えると、現在の日本では、所得が多い人により多く課税する累進課税制で、それは厳しいものになっています。

このきつい累進課税は、日本で働く人の心理に悪影響を与えてしまいます。

仮に、ある年に一億円を稼げそうな人がいるとすると、この人が一〇〇〇万円稼いだ時点で、こう考えても不思議ではありません。

「ここまでがんばって働いてきたけれど、このままがんばりつづけても、ほとんど国に持っていかれる。今年はこの辺で働くのを止めておこう」

さらに、この税制に加え、所得の低い人を優先し、その人たちが暮らしやすい政策を行なうのですから、「この程度の所得が生きていくのにちょうどいい。この辺で働くのを止めておこう」という気持ちがますます生まれやすくなります。

また、企業の事業税についても、実効税率（会社が実質的に払う税率）が、日本では四〇%となっており、ここでも大きく稼いだ優良企業にとって、日本は「損な国」となっているわけです。

これでは、より大きく稼げる日本企業ほど、事業の中心を日本から税率の低い外国へと移すことを検討したくなっても無理はないでしょう。

このように、日本の税制は個人の場合でも企業の場合でも、稼げる能力のあるものほどその労働意欲を失ってしまうような仕組みになっているのです。

こうして個人からも企業からも、日本で働くという意欲が減退し、経済の活力が失われていくわけです。

経済の活力が減退していくと、税収が落ち込んで政府の財政が厳しくなっていくはずです。ただ、それでも間違った政策は続くというのが一人さんの判断です。

「政治家には経済観念がないから、先行きがわからないんだよね。だから、財政が苦しくなると、帳尻を合わせようとして、ますます稼いでいるところから取ろうとするんだ。

それでますます、経済活動の意欲を失わせていくんだよ。

でも、オレは商人だから、こうしたほうがいいとかダメとかは言わない。ただ、このままいけばこうなるな、ということなんだ」

そして、日本が具体的にどんな状況になっていくか、ヨーロッパ諸国での実例をもとにして、一人さんはこんな見方をしています。

「経済に関しては、今のところ日本は一等国だよ。でも、貧しい人が暮らしやすい政策を取っていると、誰も働かなくなるんだよ。

そのうちきっと、みんなが『ヨーロッパ並みにバカンスの時間を増やせ』と言いはじめるよ。これは働く気を失っている証拠だ。

あるいは、二〇年以上前のイギリスのように、ストライキが頻発するかもしれない。あれは、誰も働きたくないのでストを起こしていたんだ。このままいくと、当時のイギリスのように、日本の人も働かないようにするためには、命までかけるようになるかもしれないね。

そうなった頃には、経済はもう手がつけられない状態になっているはずだよ」

以上が、一人さんが時代の流れを読んで判断した、日本社会の今後です。

この状態がどのくらい続くのか気になるところですが、一人さんはこう見ているようです。

「日本には今お金があるから、それを使い果たすまでは、このままだらだらと続く

斎藤一人の「世の中はこう変わる!」④

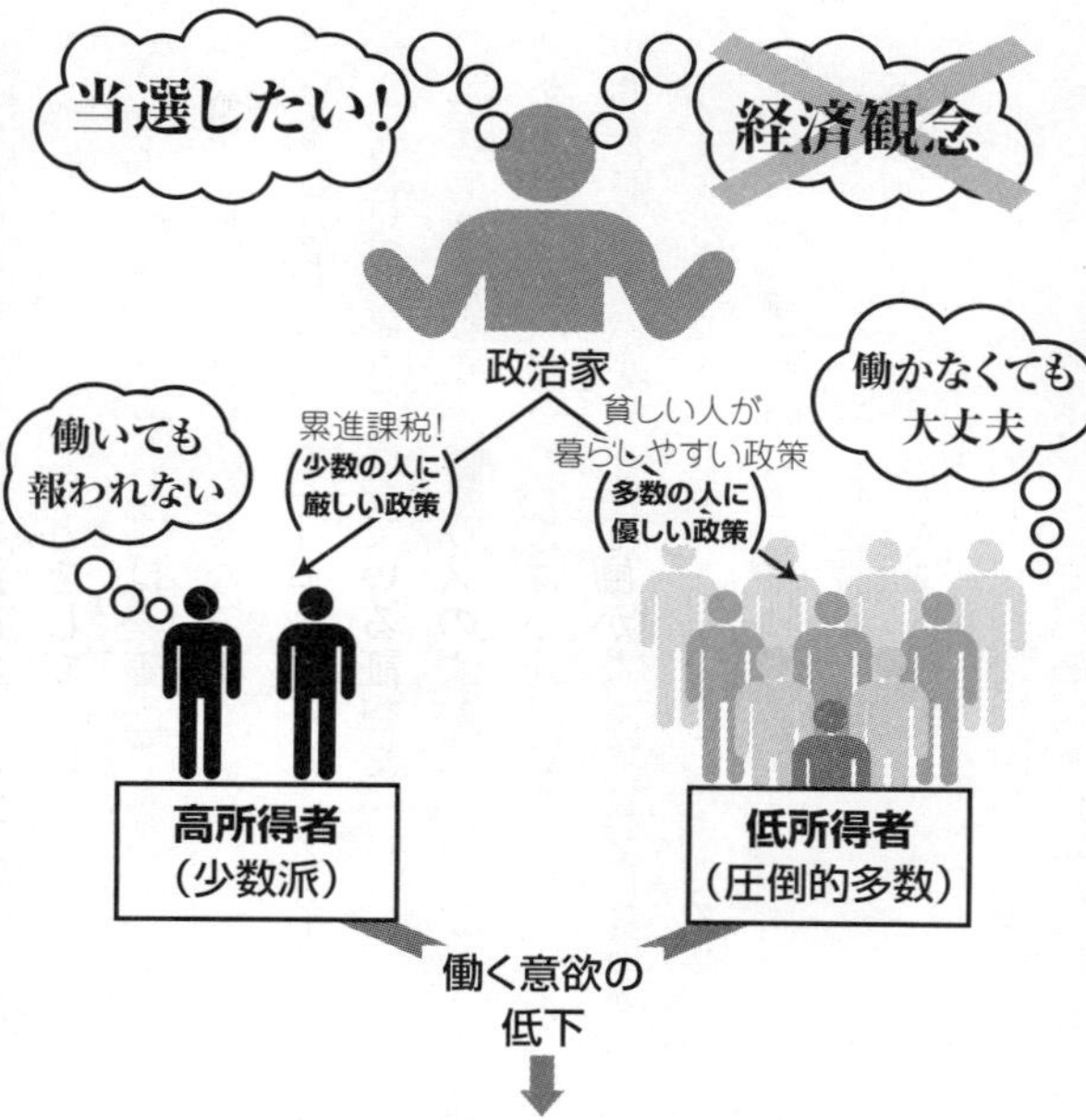

経済の活力がなくなる!?

ひとり

日本のお金が底をつくまで
だらだらとした経済は続くよ。
でも……

よ。そして、経済音痴の政治家の手におえなくなった頃、ようやく、少しずつ経済が変わる。

それまでが、だいたい三〇年ぐらいだろうね」

だらだらとこのまま、三〇年続く。

この国に暮らす私たちにとってあまりうれしくない予測かもしれませんが、あくまでも、これは日本という国についてのことです。

この時代の流れを踏まえて、個人がこれからどうするかは、別のことです。

たとえ不利な政策を国が取ってもお金持ちになろうとするのか、国と同様にだらだらと三〇年間を過ごすのか、それを選ぶのは自分自身です。

時代を知ろうとする人はきっと明るい未来を選ぶだろうと、言外に一人さんが言っているように私には思えるのです。

子どもを預からない保育園

【斎藤一人の「時代を読む」①】

「日本はこのままだらだらと続く」という予測は、一人さんがこの国のおかしな面を感じ取って、そこから判断した結論のようです。

日本のおかしな面とは、たとえばこんなところにあると一人さんは指摘します。

「公立の保育園で、子どもを午後四時までしか預からないところがあったんだよ。それで、母親が迎えに行くのが四時に少しでも遅れると、不機嫌そうに文句を言う保母さんもいたんだよね。

でも、保育園というのは、親が働いている間、子どもを預かるためにつくったはずだよ。母親がまだ働いているのに、もう預かれないというのは目的に反している。

それどころか、四時までの保育園では、親が夜に働いている場合は子どもをまったく預かってくれないということになる。親が働いているのに子どもを預かれないというのでは、何のために保育園があるのかわからないよ。

これは、おかしいよね。

公立の保育園で雇われているのは公務員だし、四時までと決めたのは国だよ。目的と合わないようなおかしなことをやっていて、国も公務員も変だとさえ思っていない。

こんなことを平気でやっている国なんだよ」

このような見方に対して、政治家やお役人のなかには、こんな反論をしたい人もいるかもしれません。

「小さい子どもがいるのに、母親が夜に働くのがそもそもけしからん。ラクに稼げるからといって、夜いかがわしい所なんかに勤めずに、昼間の仕事をすればいいんだ。子育てをないがしろにして、そんな所で働くような母親に、国が手を貸してやる必要はない」

もちろん、ここまであからさまに言う人は少ないでしょう。でも、内心ではこれが本音だという人はいそうです。また、政治家やお役人でなくとも、このように考えている人はいるはずです。

このような意見に、一人さんはこう答えています。

「今の日本で、女手一つで子どもを抱えて生きていくというのは、本当にむずかしいことなんだ。

昼間に働けなんて言っている人は、現実を知らないよ。時給八〇〇円や九〇〇円のパートで働いて、体が壊れるくらいやっても、手取りが月に一五万円もいけばいいほうだ。これで幼い子どもを抱えて生きていくのがどういうことか、考えてみな。

職業に貴賤《きせん》はないよ。

子どもと一緒に生きていこうと、一生懸命働いているんだよ」

いろいろな事情を抱えて働いている母親は大勢います。そんな人にとって、自分が働いている間、子どもを預かってくれる所を見つけることには、生活がかかっています。そのため、現在、夜間に子どもを預かる民間の託児所が増えていますが、なかには無認可のところもあるようです。

少し前、こうした無認可の託児所で、預かっている子どもを虐待していたという事件がありました。

また、こうした施設のなかには十分なサービスができていないところもあり、うつ伏せで寝ている子どもを窒息死させた事件もありました。

このような事件を耳にして不安を感じながらも、自分と子どもが生きていくためには、夜間に預かってくれる民間の託児所へ預ける選択肢しかない母親が大勢いるわけです。

「無認可託児所の事件があって、世論が騒いだときに、『保育園を増やすから大丈夫だ』と、平気な顔で国は答えていたよね。

四時までしか子どもを預からないのでは、保育園の数なんかいくら増やしても何の役にも立たないのにね。

自分たちのやっていることが、現実とズレていることにさえ気づいていないんだよ。政治家もお役人も、肝心なことを誰も変えようとしないんだ。

まったく、すごい人たちの集まりだよ」

これほどおかしなことさえ変わらない国。

一人さんが、「このままだらだら続く」と日本の先行きを予測するとき、このような日本の特徴が判断の基盤にあるようです。

健康な人しか行けない病院

【斎藤一人の「時代を読む」②】

保育園のほかにも、本来の目的とズレたことをしている公共機関は、まだまだあるようです。一人さんがこのような例としてあげているのは病院で、その特徴をこんな言葉で表現しています。

「日本の大病院は、健康な人しか行けないんだよ」

こう聞くと、「まさか、冗談でしょう」と思われる人もいるでしょうが、じつは、私も一人さんと同じように感じたことがあるのです。

数年前の夏、私の祖父が、ある大きな病院に検査を受けに行ったときのことです。

検査はもう何カ月も前から決まっていて、病院が指定した日時に行ったのですが、

「少しお待ちください」

と言われ、そのままなんと三時間近くも待たされてしまいました。

待合室にいたのはお年寄りがほとんどでした。それなのに冷房がガンガンにきいていて寒いくらいでした。何人もの人が「もう少し暖かくしてください」と言っても、まったく変わりません。

祖父は、寒いところに何時間もいたため、カゼをひいてしまいました。四〇度近い熱を出し、結局入院したのです。

高齢での発熱は負担が大きかったようで、何日もベッドから起き上がれなくなってしまいました。高熱や副作用のせいもあり、痴呆の症状まで出はじめました。

私は、検査で行っただけでなんでこんなに悪くされてしまったのか、もともと具合の悪かった人なら死んでいるじゃないか、病院は何を考えているんだ、と強い憤りを感じました。

一人さんは病院について、こう言います。

「国立病院だとか大学病院だとか、今の日本の大病院ではいつも患者が何時間も順番を待っているよね。それを病院のほうでは、当たり前だと思っているようだ。

あれでは、健康な人でなければ行けないよ。だって、病気の人が何時間も待たされていたら死んでしまうものね。

何時間も待たされて、やっと順番が回ってきたら、診察はほんの数分。こんなことを平気でやっている病院はおかしいよね」

今の病院はおかしい。あの出来事があってから、私も本当にそう思うようになりました。

ところで、経済特区構想の一つとして、病院経営に株式会社を参入させようという動きがありました。医師会などは猛反対しましたが、このことについて、一人さんはこう言っています。

「病院は医者しか経営しちゃいけないというのは、おかしいよ。本当は、株式会社でも何でも参入させればいいんだ」

ところが、これに反対する人たちはこう言います。

「株式会社が病院を経営すれば、必ず営利に走る。儲かればいいとばかりに、高価で必要のない検査や処置ばかりするだろう。これでは医療レベルの低下を招くし、患者が困るはずだ」

この意見に、一人さんはこう答えています。

「株式会社の病院がろくでもないところになるようなら、患者は行かないだけだよね。病院を選ぶのは患者だよ。イヤなら行かない。患者が困るような病院は、誰も行かなくなるんだから、放っておいてもつぶれる。少しも患者は困らないよ。

それよりも、病院の選択肢がないことのほうが、よっぽど患者が困るんだ。どこも平気で何時間も待たせる病院しかないんだから、患者には選びようがない。選択肢がなければ患者が逃げる心配がないから、病院はいつまで経っても、おかしいまま。

だから、株式会社でも何でも参入させて、患者に選んでもらえばいいんだよ」

また、反対する人のなかには、こんな意見もあるそうです。

「株式会社になれば、小児科など診察に時間がかかり採算が合わない部門は切り捨てられるだろう。また、株式会社の進出に押されて、従来の病院も小児科から手を引くようになり、社会的に小児科が減る」

でも、こんな場合こそ政府の出番です。小児科が増えるような政策を行なえば解決するのではないでしょうか。

このように、株式会社が医療に参入することに対して反対をする人たちの意見には、どうも「何が何でも」という気持ちが見え隠れしている気がしてなりません。

「個人としてのお医者さんはみんな一生懸命だし、すばらしい人がほとんどだと言っていいと思うよ。

だけど組織としての医師会とか病院はただ、膨大な保険料などを既得権益だと思って、ほかの人間に取られたくないだけなんじゃないかね。自分たちが今握っているパイを守りたいんだ。

そのくせ、病人が何時間待っていてもかまわないんだよ。

どんな言い訳をしても、現実にやっていることは、結局そういうことだよね。

こんなおかしなことも、誰も変えようとしないんだよ」

大病院で病気の人が何時間も待つという光景も、このままだらだらと、続いていくしかないようです。

国民を守らず政治家を守る警察

【斎藤一人の「時代を読む」③】

「この国にとって大切なのは、人の命じゃないんだよ」

一人さんはこう言います。

大げさな言い方に聞こえるかもしれませんが、本当にそんな気がしてくることもあるのです。ことに、人の命に関わっている場合の国の対応に首をひねりたくなることが多くあります。

一人さんは、そんな例としてこんな出来事をあげています。

「救急車で患者さんを運ぶ救急救命士という職業があるよね。患者さんの状態によっては、病院へ着く前に、救命士がある特殊な方法で人工呼吸を行なえば、救命率がとても高くなると、アメリカなどの実績からわかっていたんだよ。

日本では救命士がこの方法を行なうのは法律で禁止されていたため、何とかこれを変えようと救命士たちが運動したところ、ほとんど反対する人はいなかった。

それなのに、この制度が変わったのは、正式な運動を始めてから約三年も経ってからなんだよ。

反対する人がいないのに、人の命に関わる制度を変えるのに三年もかかる。もし反対する人がいたら、いったい何年かかったんだろうね。

この国では、人の命よりも制度が大事なんだ。

実際にやっていることを見れば、そう思うしかないよね」

もっとすごいのは警察だと、一人さんは言います。

「たとえば、誰かのことを『ぶっ殺してやる！』と追っかけまわすようなヤツがいて、警察に助けを求めたとするよ。

でも、警察は守ってくれないんだ。民事不介入といって、個人同士の事情には立ち入らないことになっているんだよ。

そして、その人が殺されると、はじめて警察が出てくるんだ。

日本という国では、規則を破った人、秩序を乱した人が逮捕されるということになっているんだよ。だから、その人が誰かを殺す前までは、警察は出てこない。まだ規則を破っていないし、秩序を乱してもいないからだ。

要するに、警察は人の命を守るより、秩序を守るほうが大切なんだよね。

日本という国の法律は、そうなっているんだよ」

誰が考えてもこれは理不尽です。

実際に起こったストーカー殺人事件などでの警察の対応を見ると、理不尽そのものでした。そういった事件の後も同じような事件がいくつも起こり、ストーカー規制法もできましたが、それでも警察は何もしてくれないことが多いというのが現実のようです。

テレビなどで時々目にするある風景が、このようなことが放置されている理由を象徴的に表していると、一人さんは見ています。それは、政治家が何人もの警官に護衛されている風景です。

「こんな法律が何で通るのか、その理由はたった一つだよ。

それは、政治家は自分がいつも守られているからなんだ。

政治家にはいつも警官がついている。自分たちが守られて安全なところにいるから、ただ秩序を乱したヤツを捕まえればいいと思い込んでしまうんだ。

でも、これはおかしいよね。

そもそも、政治家は国事に身命をかけると言って当選したんじゃないのか？　総理大臣なんか、国のために命を投げ出すと国民に言ったはずだよ。

それなのに、どうして総理の護衛が一〇人もついているんだ？

税金を払って警官を雇っているはずの国民が命を狙われても、何もしてくれないのに、命を狙われてもいない政治家にどうして一〇人もついているんだい？

政治家は自分たちが守られているから、国民の危険がわからなくなっているんだよ」

このような見方には異論のある人もいるでしょう。それでも私には一人さんの指摘には一理あるように思えてなりません。

人の命より、制度や秩序のほうが大事。国民よりも政治家を守る。

どうやら、この国にはおかしなことが、いくつも山のように積み重なっているようです。

時代の流れを読んで、最後に「ひとり勝ち」！

おかしいことだらけの現在の日本。これを踏まえて、一人さんはこう結論します。

「これだけのことを放っておいて、『国のためを考えている』と言う政治家がいる。そして、それを選ぶ国民がいる。

これではこの国が急に変わるわけがないよね」

だからこそ、「日本はだらだらと、おかしいまま行く」と一人さんは見ているわけです。

日本では〝構造改革〟を行なおうとし、道路公団の民営化を皮切りに、あまりに多すぎる特殊法人を何とか減らそうとしていますが、なかなか思うようには進んでいないようです。

時代を読んで「ひとり勝ち」！

斎藤一人の教訓

時代の流れを見るときは「政治家を当てにしない」を心得る

では、

時代の流れが変わるとき、
どんな前兆がある？

前兆① 保育園が、深夜の2時まで子どもを預かる

前兆② 病院が、患者を何時間も待たせない

前兆③ 警察が、「秩序」より「国民」を守る……

ひとり　このようなことを主張する政治家がいて、国民がその人に賛成する。そうすれば国は変わっていくよ

「特殊法人を減らすなんて、あんなことは当たり前だよ。誰が見ても、あんなにあるほうがおかしいんだから。ところが、それに手をつけようとすると、大騒ぎになって進まない。当たり前のことをやろうとしてもできないんだよね。

これが今の日本なんだ。

だから、これから政治を当てにするのも、おかしいんだよ」

政治を当てにしない。一人さんの判断によれば、時代の流れを読むとき、これを前提として考える必要があるということになります。

ところで、このような時代の流れが変わるときが来るとすれば、どんなところにその兆候が現れるのでしょうか。

「まともな政治家が出てきて、それに賛成する国民がいる。そして、そうじゃない政治家がみんな、落選する。そうなったら国が変わる。

民主主義というのはそういうもの」

公立の保育園は深夜の二時まで子どもを預かる。

病院は患者を何時間も待たせない。

警察は国民の命を守る。

たとえば、このような政策を打ち出す政治家が現れて、国民の支持を集めて当選する。そんな事態が起こるようになれば、日本も少しずつ変わりはじめるのかもしれません。

ただ、一人さんは日本の現状を深く見つめながら、こう言います。

「そんな時代が来るのは、オレたちが生きているうちは無理かもしれない。本当に先行きは暗いよ」

日本という国は、すぐには変わらないようです。

とはいっても、本書で紹介したような、一人さんが読んだ「時代の流れ」を頭に入れた上で、楽しく実力をつけていけば、きっと最後には「ひとり勝ち」することができるでしょう。

ひとり

斎藤一人さんからの「おわりの言葉」

「やっと、私の時代が来た」と思ってください

この本を読み終わって、少し「大変な時代が来るな」と思った人もいるかと思います。

でも安心してください。日本人はもっともっと大変な時代を乗り越えてきた優秀な人たちなんです。

厳しい時代が来れば来るほど、どの業界でもいい人材を求めるものです。その人材とは、誰に強制されなくても、こういう本を読んで勉強している、あなたのような人のことです。

「やっと、私の時代が来た」と思ってください。

そしてまた、あなたの周りの人に、希望の灯をともしてください。

この本を最後まで読んでくれたあなたに、
良きことが、なだれのごとくおきます。

斎藤一人

「斎藤一人さん」をもっと知りたい人のために
――「ファンの集まるお店」「ついてる神社」

斎藤一人さんのファンが、全国から集まってくる場所があります。

最初は、東京にできました。東京都江東区の砂町銀座商店街にある「一人さんファンの集まるお店」（東京都江東区北砂五－一－三三、TEL〇三－五六八三－四九一〇、行き方：東京駅から総武快速線で「錦糸町」駅下車。南口に出て、「07」番バス（門前仲町行き）乗車。「北砂2丁目」バス停で下車し、砂町銀座商店街を中ほどまで歩くと、左にお店があります。ホームページ：http://tsuiterujinjyawahanazakari.com/index.html）というお店です。お店の中には、一人さんの書いた楽しい詩集や、一人さん関係のものがたくさん飾ってあります。このお店でしか聞けない一人さんのメッセージの入ったプレミアムＣＤもあります。

また、有名な「ついてる神社」があります。

この神社は、一人さんが〝ジョーク〟でつくったもので、一人さん曰く、「お賽銭はいりませんが、ご利益もありません」とのことです。それでも、楽しい〝ジョーク〟のわかる一人さんファンが、全国から毎日たくさん集まってきます。

ぜひ一度、遊びに行ってみるといいですよ（お金はいっさいかかりません）。

今、「ファンの集まるお店」が、日本全国にできています。紹介しておきますね。

盛岡（岩手県盛岡市中央通二―九―二三、TEL〇一九―六五二―九五〇〇）、**仙台**（宮城県仙台市青葉区中央四―二―二七　510ビル1F、TEL〇二二―二一六―〇〇五一）、**郡山**（福島県郡山市開成五―六―二セラー山崎1996、TEL〇二四―九二一―五五七七）、**松本**（長野県松本市中央一―一〇―三五　小坂ビル2F、TEL〇二六三―三五―三一二四）、**岐阜**（岐阜県岐阜市宇佐東町六―八、TEL〇五八―二七四―四八七七）、**福井**（福井県福井市北四ツ居一―二―三九　OHビル1F、TEL〇七七六―五二―八六四二）、**京都**（京都府京都市下京区麩屋町四条下ル八文字町三三六　カミュエラ酒井1F、TEL〇七五―三五三―九四〇〇）、**大津**（滋賀県大津市島の関六―一五　衣笠ビル1F、TEL〇七七―五二六―四九二九）、**名古屋**（愛知県名古屋市中村区太閤一―二一―一三　恒川ビル1F、TEL〇五二―四五一―三九一〇）、**神戸**（兵庫県神戸市中央区元町通一―一三―一　神戸プラザホテル1F東、TEL〇七八―三三三―四三七四）、**姫路**（兵庫県姫路市紺屋町一二　大砂ビル1F、TEL〇七九二―八八―七一六八）、**岡山**（岡山県岡山市蕃山町一―一三　サンスクエアービル1F、TEL〇八六―二二一―七〇八八）、**宮崎**（宮崎県宮崎市橘通西二―七―一　アーバン高塚橋通ビル1F、TEL〇九八五―二五―八七八八）

本書は、東洋経済新報社より刊行された『斎藤一人の「世の中はこう変わる！」』を再編集のうえ、改題したものです。

小俣貫太（おまた・かんた）
一九七五年東京都生まれ。ダイエット食品「スリムドカン」などのヒット商品で知られる、銀座まるかんの販売特約店「かんた商店」の代表。幼少の頃、斎藤一人氏と運命的な出会いをし、その教えを受けながら成長。母の小俣和美氏とともに「斎藤哲学」のよき体現者の一人として知られる。『斎藤一人　変な人が書いた驚くほどツイてる話』（三笠書房刊・知的生きかた文庫）など、斎藤氏の著作で「小俣さんちのカンちゃん」としてたびたび登場する。
著書に『斎藤一人の百戦百勝』『斎藤一人お金に愛されて百戦百勝』『斎藤一人のツキを呼ぶ言葉』〈監修〉（以上、三笠書房刊・知的生きかた文庫）などがある。

【斎藤一人さんの手がけた商品、お取り扱いについてのお問い合わせ先】
フリーダイヤル　0120-504-841

知的生きかた文庫

斎藤《さいとう》一人《ひとり》 時代《じだい》を読《よ》んで「ひとり勝《が》ち」！

著者　小俣《おまた》貫太《かんた》
発行者　押鐘冨士雄
発行所　株式会社三笠書房
郵便番号一一二-〇〇〇四
東京都文京区後楽一-四-一四
電話〇三-三八一四-一一六一〈営業部〉
〇三-三八一四-一一八一〈編集部〉
振替〇〇一三〇-八-二二〇九六
http://www.mikasashobo.co.jp
印刷　誠宏印刷
製本　宮田製本

ISBN4-8379-7537-2 C0130

知的生きかた文庫

斎藤一人 変な人が書いた驚くほどツイてる話

斎藤一人

日本一の大金持ち・人生の大成功者、斎藤一人の成功法則を本人が一挙公開！ 読むだけで、ツキがどんどんやってくる珠玉の言葉の数々。人生は、この「一九〇ページ」だけで、すべてうまくいきます！

斎藤一人 人生が全部うまくいく話

斎藤一人

「嫌な気分がしても、すぐスっとした気分になる」「最高の笑顔が簡単にできる」……一回読むと困ったことがなくなり、七回読むとすべてが思い通りになる伝説の名著。いいことが雪崩のごとく起こります！

斎藤一人 あっ！と驚くしあわせのコツ

小俣和美

斎藤一人の一番弟子が教える、「ふつうの主婦が億万長者になる、日本で一番簡単な方法」。本書を読んでいるうちに、人生でもっとも大切な坂「ま坂（まさか）」が、あなたの目の前に必ず現れますよ。

斎藤一人のツキを呼ぶ言葉

小俣貫太［監修］
清水克衛［著］

「ツイてる。ツイてる」「それは簡単なんだ」……口に出すだけで、不思議なほど運がよくなる、斎藤一人の「魔法の言葉」。本書では効果絶大の言葉を集めました。あなたも奇跡を体験してみませんか。

斎藤一人の百戦百勝

小俣貫太

「納税額日本一——達成！」「納税額・十年連続十位以内——達成！」「累計納税額日本一——達成！」。仕事で、金儲けで連戦連勝を続ける、斎藤一人の「人生の勝ち方」を紹介。一人さん本人が語る「講話CD」つき！

C50001